持続可能性の教育
― 新たなビジョンへ ―

Education on Sustainability

佐藤　学
木曽　功
多田孝志
諏訪哲郎
編著

教育出版

はじめに：持続可能性の教育のすすめ

　本書は，「持続可能性の教育」について理論的かつ実践的に検討し，希望ある未来社会を構築する次世代の担い手を育成する方向を提示することを目的としている。

　地球社会はいま，未曾有の変革の時代を迎えている。急速にすすむ地球温暖化により，北極海に広がる氷原が縮小し，氷上に棲む動物たちが生きる場を奪われている。地球温暖化の影響は，世界各地に波及し，異常気象を起こし，私たちの生活の周辺にも迫ってきている。また，現在も世界各地で頻発している紛争，グローバリゼーションのもたらした富の格差の拡大や文化破壊，人々の心に広がる偏見・差別，蔓延する疾病等，いまや地球生命系　地球社会に崩壊の危機が迫ってきている。

　「持続可能性」という主題は，地球環境と自然環境，世界の政治経済状況において深刻化しているだけではない。日本国内の社会，経済，文化，教育の持続可能性も危機に直面している。経済一つを見ても，現世代の一時的な利潤追求のため，市場経済は恐慌の危機と次世代の経済危機へと突入しているかのようである。その危機について，専門家をはじめ誰もが予見しながら，資本と政府の暴走をくいとめることに成功してはいない。国内政治と国際関係においても同様である。2014年末の総選挙では投票率が史上最低の52％であった。これ以下の投票率の国家はアメリカしか存在していない。民主主義は機能せず瀕死の状態にある。民主主義の危機を誰もが実感しながら，その崩壊をくいとどめられていない。その結果，アジア諸国との外交的な緊張関係も深まっている。ここにも「持続可能性」の内側の危機がある。

　一方，最近の青少年の傾向として，自立心と独立心があり他者と協同して新たな活動を創造する少数のエリート層が形成されている反面，多くの若者たち

が誠実な生き方を求めて個人的な努力を続けながらも，自らに自信がもてず，異質な他者とのコミュニケーションがうまく築けず，自己の創造性と対人関係に苦手意識をもち，過剰なほど傷つくことを恐れ，自己を人前で表現できず，厳しいことや困難なことから逃避する実態があると言われている。ここにも，現代人の内面における「持続可能性」のテーマが潜んでいる。

持続可能性の教育は，直接的には地球生命系，地球社会の持続可能性を実現することを使命とし，その未来を希望あるものにするための教育であるが，この使命と並行して，今日の社会と経済と文化の持続可能性を問う教育であり，持続可能な未来を建設する「科学と智恵と倫理と生き方」を創発する教育でもある。その意味で，持続可能性の教育は，教育の一領域であるだけでなく，現代の社会と文化と教育を根源から問い直す教育の究極的目的であると，私たちは考えている。

教育が，持続可能な社会という希望ある未来の担い手を育成するためには，人類史的な視点にたち，教育の視野を地球社会・生命系に拡大し，それを実現する科学・技術・経済・社会・文化に関する基本的な理念を探究し，その具体的な学習のあり方を根源から問い直して再構築する必要がある。

本書は，次に掲げる四つの内容を中心に編集した。

第一は，「持続可能性の教育」を推進する意義とその基本原理を解明することである。なぜ，いま，持続可能性を基本原理とする教育を推進することが喫緊の課題となっているのか。そして持続可能性を原理とする教育は，どのような教育であるべきなのかを理論的，原理的に考察する。

第二は，持続可能な発展のための教育 (Education for Sustainable Development＝ESD) の世界的潮流を示すことである。ユネスコの提唱するESDの基本理念を確認し，世界各国のESDの教育実践の動向を紹介し，日本のこれまでの実績と今後の方向性について提言する。

第三は，「持続可能性の教育」を展開するための学習方法を提示することである。持続可能性を追求する教育実践は，21世紀型の学習の先駆者として特有の学習方法を開発してきた。その特徴をつぶさに提示したい。

第四は,「持続可能性の教育」の展開を実践事例によって例示することである。小学校,中学校,高校の典型的な実践事例を分析し考察して,そこに見出される実践的な知識と見識,および今後の課題について可能な限り系統的に提示したい。

　本書は,ESDの解説書でも啓蒙書でもない。グローバル化が進行する時代,多文化共生の社会が現実化する時代において,「持続可能性」という教育の一つの窓口を開き,その窓から未来の教育を展望し,教育の意義や使命を根源から見直して,希望ある未来の構築への架橋を見出すことを企図している。

　最後に,本書の成り立ちについて付言しておきたい。本書は,偶然的とも言える出会いによって誕生した。編者である諏訪哲郎さん（日本環境教育学会会長）は私の勤務する学習院大学の同僚であり,同じく編者の多田孝志さん（日本国際理解教育学会元会長,学校教育学会前会長）は,国際理解教育の実践において15年来畏敬している友人であり,木曽功さん（元ユネスコ日本政府全権大使）は長年重責をつとめてきた文部科学省のトップ・エリートであるが,私の高校の同級生であり,現在まで親交が続いている唯一の同窓生である。この偶然的で不思議な機縁に感謝したい。

2015年6月

編者を代表して

佐藤　学

目　次

はじめに：持続可能性の教育のすすめ

第1章　持続可能性の教育の意義と展望
1．「ESD」という問題 …………………………………………………… *1*
2．なぜ，持続可能性の教育なのか …………………………………… *3*
3．持続可能性の教育の哲学 …………………………………………… *4*
4．持続可能性の教育における学び …………………………………… *6*
5．持続可能性の教育における学びの特質 …………………………… *9*
6．持続可能性の教育の展望 …………………………………………… *12*

第2章　持続可能な発展のための教育（ESD）の世界的潮流
1．グローバル・エシックスへの扉を開く …………………………… *16*
　（1）はじめに　*16*
　（2）何を持続可能にするのか　*17*
　（3）持続的な社会への気づき　*17*
　（4）停滞を経て次の10年へ　*18*
　（5）生きる力への活用　*19*
　（6）ESDとユネスコスクール　*19*
　（7）グローバル・エシックスへ　*20*
2．ESDをめぐる世界の動向と日本の今後への提言 ………………… *22*
　（1）ESDをめぐる世界の動向（過去，現在，未来）　*22*
　（2）日本におけるESD推進への提言　*26*

第3章　持続可能性の教育，その学習方法の基本原理
1．「持続可能性の教育」の学習の基盤 ……………………………… *35*

(1) 未来志向を支える基盤の脆弱さとその要因　35
　2．教育実践の可能性 ……………………………………………… 38
　3．教育実践の基盤形成 …………………………………………… 41
   (1) 全人的見方をはぐくむ　41
   (2) 深さの追求　43
   (3) 共創型の深い対話力の育成　45
   (4) 沈黙の偉大な意味　46
   (5) 「体験」の有効性　47
　4．発想の転換と認識の深化 ……………………………………… 49
   (1) 発想の転換　49
   (2) 認識の深化　50
　5．おわりに ………………………………………………………… 54

第4章　「持続可能性の教育」の学習方法

　1．「持続可能性の教育」のあるべき姿 …………………………… 58
   (1) 持続可能性を原理とする教育の重要性　58
   (2) 「持続可能性の教育」に求められる複線的な学習方法　60
   (3) 「持続可能性の教育」の場　61
   (4) 学校教育における非定型的教育の拡大の重要性　62
   (5) 「持続可能性の教育」の前提となる諸体験に基づく感性　63
   (6) 「持続可能性の教育」の理想像実現に向けて　64
　2．「持続可能性の教育」に適した学習方法 ……………………… 66
   (1) 過去四半世紀の学校と学習方法の変化　66
   (2) 「問題解決型の学習」　67
   (3) 「探究的な学習」　68
   (4) 「プロジェクト学習」　69
   (5) 学習者中心の学びと教師の役割の変化　70
   (6) ファシリテーター　71

vii

（7）他分野のプロから学ぶファシリテーション　　72
　　（8）ワークショップ型学習　　73
　　（9）「持続可能性の教育」に相応しい「協同的プロジェクト学習」　　74
　　（10）「協同的プロジェクト学習」で取り上げる課題　　75
　3．「21世紀社会が求める学力」と「協同的プロジェクト学習」……… 76
　　（1）「21世紀社会が求める究極の学力」と「21世紀社会が求める当面の学力」　　76
　　（2）PISA型学力とキー・コンピテンシー　　77
　　（3）国立教育政策研究所の「21世紀型能力」　　78
　　（4）「協同的プロジェクト学習」と「21世紀型学力」の親和性と課題　　80
　4．協同的プロジェクト学習の指導方法例と新たな制度設計 ………… 81
　　（1）「学習者主導」への第一歩：参加型学習の実践　　81
　　（2）多彩な参加型学習のアクティビティ　　83
　　（3）「時間がかかる」の克服法：KP法　　84
　　（4）求められる「時間のかかる学び」を実現するための制度設計　　85
　　（5）「協働的なプロジェクト学習」遂行のための提案　　86

第5章　教育実践事例をみる

　1．持続可能性の教育の教育実践の経緯 ………………………………… 91
　　　実践事例 1　日常的な活動を生かした多様性教育の実践　94
　2．充実・深化期に向けての教育実践に手がかりを与える実践事例の紹介 … 94
　　　実践事例 2　地域の多様な教育資源を生かした実践　104
　　　実践事例 3　「平和」をコアにしたホールスクール・アプローチ　112
　　　実践事例 4　韓国の「環境プロジェクト」　118
　3．掲載した実践事例の特色 ……………………………………………… 127
　4．充実・深化期の教育実践への期待 …………………………………… 128

おわりに

viii

第1章

持続可能性の教育の意義と展望

1．「ESD」という問題

　持続可能な発展（開発）のための教育（ESD：Education for Sustainable Development）は，教育目的の中核に位置している。教育は世代間の文化の伝承と再創造のいとなみであり，教育の究極的な目的は人類が自然と共存し持続可能な社会を実現することにある。
　しかし，ESDはそれ自体，いくつもの困難を抱えている。まず「ESD」という用語の問題がある。「ESD」という言葉を聞いて，その意味を理解している人々がどれほど存在しているだろうか。教師でさえ，この言葉を知らない人が多いのではないだろうか。アルファベットの頭文字の言葉そのものが抽象的であるうえ，sustainable developmentというもともとの英語自体が抽象的である。これを「持続可能な発展（開発）」と翻訳したとしても，それが何を意味しているのかを理解することは容易ではない。このことは，日本のESDにとって最も深刻な問題の一つである。英語圏の人々であれば，sustainableあるいはsustainは日常語であり，sustainability（持続可能性）に関する専門的知識はなくとも，その意味を類推することは容易である。しかし，日本人にとって，これらの英語は耳慣れない言葉であり，たとえ「持続可能性」という訳語

をあてられたとしても，なお身体感覚において了解するには，ほど遠い言葉である。

さらに ESD は，その対象が広範囲であり包括的である。ESD の対象の外延は，ほぼすべての教育を包括していると言って過言ではない。実際，「ESD」という看板のもとで遂行されている実践は多種多様であり，何が ESD なのかが曖昧にされている印象さえ受ける。この実態を考えると，「ESD」という概念は，環境教育や自然体験教育や人権教育や平和教育などのブランケット・ターム（集合名詞）であるかのようである。

ESD は，1992年のリオデジャネイロの国連環境開発会議において「アジェンダ21」が採択されたことを起点としている。その10年後のヨハネスブルグ・サミットにおいて日本政府の提案で「国連 ESD の10年」が採択され，その後，日本の政府・文部科学省が主導的役割を担って ESD の国際的な普及活動が展開されてきた。国内では「ユネスコスクール」が，ESD の拠点校のネットワークを形成している。そして現行の学習指導要領では「持続可能な社会の構築」という文言が「総論」に記されている。これらの経緯が示すように，ESD は，政府と行政機関の主導で創始され普及してきた。このことも，ESD の実践にある特定のイメージを与えることとなった。ESD を外来の教育，政府主導，文部科学省主導のトップダウンの教育運動としてイメージする教師は多い。もし政府主導，文部科学省主導の行政指導が中断したとしたら，ESD は存続しないのではないかという印象をもっている教師も少なくない。ESD の持続可能性が疑われているとすれば，悪いジョークにもなりかねない。

しかし，ESD が，現代の教育の究極的な目的であることに疑いをはさむ人は存在しないだろう。教育は次世代の人々の幸福を追求する文化の伝承と再創造のいとなみであり，持続可能な地球，持続可能な環境，持続可能な社会を創造することは教育の目的の中心である。それでは，「持続可能性の教育」は何をどのように教える教育なのだろうか。また「持続可能性の教育」が有効に機能するには，どのような要件が充たされなければならないのだろうか。さらには，それはどのような教育を可能にするのだろうか。この章では，この「持続

可能性の教育」の意義と可能性について考察することにしよう。

2．なぜ，持続可能性の教育なのか

　なぜ，持続可能性の教育は，教育の究極的な目的であるべきなのだろうか。私がこのことを熟考したのは，東日本大震災と福島第一原子力発電所の事故を契機としている。それまでも持続可能性の教育の重要性を考えてはいたし，その必要性を語ってはいたが，持続可能性の教育を教育の一領域として認識し，教育の中心目的としては位置づけてはいなかった。しかし，福島第一原子力発電所の事故は，その被害が数10万年先の世代にまで及ぶこと，「想定外」と言われるが想定されていた事故であったこと，廃棄物の処理も含め，原子力発電の存在そのものが「持続可能性」に反していること，原子力発電の歴史それ自体が核兵器の開発と表裏一体であったことなど，これまでの社会と教育のあり方を根幹から問い直す必要性を提起した。

　福島原発事故の衝撃は，それまでの「持続可能性の教育」の考え方について根本的な反省を求めたと思う。福島原発事故以前において「持続可能性の教育」の中心的内容は，CO_2の排出量増加とそれに伴う地球温暖化現象への対応をテーマとする教育であった。そのこと自体が間違っていたわけではないが，日本政府が世界に率先して「持続可能性」を訴え，1997年の地球温暖化防止京都会議において「京都議定書」を提案して採択したのも，原子力発電をいっそう推進し，途上国に売り込む意図があったことを忘れてはならない。当事者の主観的意図とは別に，皮肉にも「ESD」は原子力発電の推進力で普及したのである。その意味でも，福島原発事故は，私にとって持続可能性の教育について真正面から熟考し直す契機となった。

　持続可能性の教育の重要性は，福島原発事故の現地を歩くことによって痛切なものとなった。私が現地を訪問したのは，事故から2年半後であったが，フクシマは復興不能な状況を何ら脱していなかった。除染は不可能であり，人が立ち入ることも不可能，田畑は荒れ放題であり，雑草が生い茂った田には柳が

群生しはじめている。津波に打ち上げられた漁船やごみもそのままであり、人が立ち入れない校舎の時計は2時45分を指して止まったままである。倒壊を免れた家屋も、ほとんどがネズミと豚によって占拠され、荒れ放題である。この情景が、これから何十年、何百年と続くことになるだろう。かつて「ノーモア・ヒロシマ」を世界に発信した日本が、今は「ノーモア・フクシマ」を発信する責務を負わされている。しかも、ヒロシマは広島へと復興したが、フクシマが福島へと復興することは至難である。ヒロシマと比較してフクシマの放射能汚染は比較にならないほどひどい。その過ちを繰り返さないためには、持続可能性の教育を教育の根幹にすえる必要がある。

　福島原発事故についてESDは、どのような反省を行ってきたのだろうか。私個人としては、福島原発事故が発生して以降、「ESD」という言葉を積極的に使用することにためらいを覚えている。その理由は前述したとおり、ESDが、CO_2削減の「クリーンなエネルギー」としての原子力発電の推進とセットになっていたと思うからである。「原子力の平和利用（atoms for peace）」が核兵器戦略と一体であったことと同様である。福島の現地に立って、「持続可能性の教育」という言葉は使えても、「ESD」という言葉は使えないことを実感している。

3．持続可能性の教育の哲学

　持続可能性の教育は、まず哲学であり思想である。「持続可能性（sustainability）」という用語はフランスの18世紀の経済学者J. B. セーが提唱した、商品生産が供給だけでなく需要も生み出すという法則において登場した用語である。「継続する（sustain）」という動詞もこのとき、初めて使用されている。しかし、その形容詞のsustainableという言葉は、17世紀において現在と同様の意味で使用されており、その原形である「生存可能性（sustenance）」という言葉は13世紀から使用されている。「持続可能性」という概念それ自体は新しいが、その考え方は700年以上の伝統を有している。いや、持続可能性

の思想の淵源は，人類の発生にまで遡ることができるだろう。生命，家族，種族，富と善（goods），文化の持続可能性は，人が人として生存する根本に根ざしていた。人類の文化的起源を探究してきたマイケル・トマセロ（Michael Tomasello）は，人類が言語活用による社会的コミュニケーションによって創造性と共同性を獲得して生存可能性を拡大してきた歴史を解明してきた。持続可能性は，人が人として生きる根幹に根ざす思想と言ってよいだろう。

　1990年代以降，持続可能性の教育の必要性が叫ばれるにいたったのは，言うまでもなく，自然環境，社会，経済，文化，教育の持続可能性の危機が人々に意識化されたことによる。チェルノブイリ事故による環境破壊，地球温暖化による地球環境の危機，一連の局地戦争による大量殺戮，環境破壊と乱獲による絶滅危惧種の拡大，グローバリゼーションによる少数民族の文化と言語の危機など，私たちの環境は，約40億年前の原始生物の誕生以来の地球の歴史，「ルーシー」という愛称で知られる三百数十万年前のアフリカのアウストラロピテクス誕生以来の人類の歴史を一変させてしまう危機的状況が拡大している。資本とテクノロジーの神話が，飽くなき資本の蓄積の欲望を暴走させ，人類と自然との調和の限界を突き破り，自然破壊，恐慌，暴力，貧困，戦争の危機を世界のいたるところに蔓延させている。次世代に対する倫理も責任の感情も資本蓄積の自己運動は持ち合わせていない。21世紀の人類的な課題として資本とテクノロジーの暴走にどう立ち向かうかが問われている。

　しかし，資本とテクノロジーの暴走を制御することはどのようにして可能だろうか。これまでの人類の歴史を見る限り，そして現在の資本主義の情況を見る限り，さらに今日の人々の生活様式や政治状況を見る限り，資本とテクノロジーの暴走を制御することは，とうてい不可能に思えてくる。これまでの歴史を振り返ってみても，資本とテクノロジーの暴走を制御した事実はわずかしか存在していない。そういう絶望的な感情を抱いて人々は生活している。

　たとえば，中国の都市（地方都市も含む）を訪問してみてほしい。この10年間の中国の自然破壊はすさまじい。スモッグの激しい日には，北京空港の隣のタラップの飛行機がかすんで見えなくなるほどである。その北京で2011年，中

国政府と北京大学の主催で世界各国のノーベル賞受賞者ら100人の学者を招いて世界最大規模の国際シンポジウム第2回「北京論壇（Beijing Forum）」が開催された。私も教育学の代表者の一人として招待され，6人の基調講演を聴いた。この国際シンポジウムの中心テーマの一つは「和諧」（調和）であった。唯一，基調報告者のカリフォルニア大学のロバート・ベラー（Robert Bellah）がこのテーマを主題的に論じ，「21世紀の人類的課題は資本とテクノロジーの暴走の制御にある」と，18世紀以来の資本主義の歴史を踏まえて提唱したが，2時間分の講演をわずか30分で語った彼の早口の英語を理解する者はわずかだった（驚くほど，拍手はまばらだった）。むしろ，「和諧」を主題としながらも，この世界最高水準，世界最大規模を誇る国際シンポの議論は，私の印象から言えば「資本とテクノロジーの礼賛」に終始していた。福島原発事故とともに，そのときの絶望感が，私にとっては「持続可能性の教育」への開眼の決定的な契機となった（ロバート・ベラーに感謝！）。ベラー教授が結論づけたように，これまで人類は「資本とテクノロジーの暴走を制御することに成功してはいない」。しかし，「今世紀においてこの人類未踏の難題を克服すること以外に，人類の将来への希望はない」のである。

4．持続可能性の教育における学び

　持続可能性の教育は，持続可能性を根本原理とする世界観の教育であり，生命，自然，経済，社会，政治，文化，教育の持続可能性を実現する個々の内容の教育であり，持続可能性を実現する生き方と倫理の教育であり，持続可能な社会を実現する行動の教育である。

　持続可能性の教育において議論すべき事柄は多い。ここでは三つの課題に焦点化して議論したい。一つは「持続可能性」と「開発」の関係をめぐる問題であり，二つめは「持続可能性の教育における学び」の性格をめぐる問題であり，三つめは「持続可能性の教育における生き方の学び」に関する問題である。

　「ESD」は education for sustainable development の短縮形，すなわち「持続

可能な発展（開発）のための教育」を意味している。このdevelopmentの日本語訳が「発展」か「開発」かをめぐってさまざまな議論が行われてきた。「開発」は経済価値の追求を含意しており，「開発」よりも価値中立的な「発展」と訳すべきではないか。そもそも「開発」と「持続可能性」は両立しうるのか。この「開発」をめぐる問題は，今なお決着がついているわけではないし，簡単に決着がつく問題でもない。たとえば，先に例示した中国において，仮に中国人民がすべて日本人と同様に，新聞を定期購読すると，地球上のすべての樹木がパルプとして消費されることになると言われる。その真偽はともあれ，その危惧があるからといって，中国の人々に新聞の購読を控えるよう要求できるだろうか。この一例が示すように「開発」が途上国において喫緊の課題であることから，「開発」と「持続可能性」との矛盾は，先進国と途上国の経済政策において絶えず先鋭化している。

　それらの矛盾にもかかわらず，ここでは「開発」と「持続可能性」の両立をめざす教育の必要性を強調しておきたい。一つの実践事例を提示しよう。かつて滋賀大学教育学部附属中学校において持続的に取り組まれている環境学習「琵琶湖」の公開研究会を参観したことがある。同校の琵琶湖学習の実践は驚嘆すべきであり，どのグループの生徒の学習も，琵琶湖の生態のメカニズムと現状，生活排水による汚染の実態，さらには琵琶湖の清浄化の努力など，琵琶湖の汚染に関する多角的，総合的な学習が展開されていた。生徒たちの学習は，滋賀大学を中心とする研究者の支援もえて展開されており，学習内容もそのレベルも高度であり，申し分のないものと思われた。

　その公開研究会には，講師としてスイスの環境課の研究員の方が招待されていた。彼は，生徒たちの学習の質の高さやその探究の深さを評価したあと，二つの意見を今後の課題として提示した。一つは，環境学習が環境破壊の原因究明に終始していたことへのコメントである。彼は次のように語った。「今日報告された学習結果は，琵琶湖の汚染の原因を多角的に究明しており，それ自体は貴重な学習成果であるが，それらの報告を聞いていると，すでに琵琶湖汚染の原因は究明されており，あとは解決の実践だけだという印象を受ける。この

認識は，根本的にまちがっている。琵琶湖の汚染がまだ続いているということは，今なお問題が科学的に解明されていないことを意味している。もし汚染の原因が解明されているならば，すでに問題は解決しているはずである。環境学習においては，いつも問題を『未解決の問題として扱う』ことが前提にならなければならない」。この指摘は痛烈であった。確かに，そうである。絶えず現実の問題を「未解決されていない問題」として扱い「未解決の問いを探究する学び」として展開しなければ，現実の解決へとつながる学びにはなりえないだろう。

彼が指摘したもう一つの事柄は「開発」と「環境保護」の関係についてであった。彼は次のように述べていた。「環境の保護と経済の開発を対立的に議論するのは誤りです。この二つを対立的に扱っている限り，環境破壊をくいとめることはできません」。この指摘は，日本人の自然認識の弱点を鋭くついている。たとえば，国語の教科書を一瞥してほしい。どの教科書も環境への関心から環境教育に対応する文章をいくつも掲載している。今や「環境」への関心は国語教科書の教材のトレンドである。しかし，そのほとんどが「自然に優しく」という主張で一貫している。このとぼけた自然認識が日本における環境破壊の根底に横たわっていることに教科書の編集者たちはもっと自覚的であるべきである。スイスの環境課の講師は，日本人のこの自然認識の弱点を直観的に見抜いたと思われる。彼は続けて次のように述べた。「スイスにおいて自然環境の保護が実現した要因の一つは，『開発』を『環境保護』と結びつけたことにあります。スイスでは，観光業の開発を積極的に推進し，観光業の開発によって豊かな自然を保護することに成功したのです。『開発』を伴わない『環境保護』は幻想に終わるでしょう」。この指摘も，参加した多くの教師の考え方を一変させるほど衝撃的であった。

経済発展や科学技術の発達が自然環境を破壊しているのではない。自然や社会や文化の持続可能性を危機へと追い込んでいる経済と政治と文化が変革されなければならないのであり，持続可能性の危機を誘発している科学技術が問い直されなければならない。経済の発展が自然環境の持続可能性を拡大し，科学

技術の発展が持続可能性の保障を生み出した例はあまた存在している。たとえば今日，産業や生活の廃棄物のほぼすべてがコストさえかければ再生可能になるまで科学技術は進歩している。とはいえ，最先端で高度の科学技術に依存するだけでは不十分である。人類の長い歴史において，持続可能性は人々が歴史的に形成してきた「智恵」によって保障されてきた。これほど科学技術が発達した現在においても，人類の「智恵」は，持続可能性の追求において最先端の科学技術に劣らない力を発揮している。イリイチが強調した「ヴァナキュラーな知（その土地固有の知）」の復権は，今後もいっそう重要になるだろう。「科学と智恵」の総力を傾注することによって，絶望的と思われる持続可能性の恢復に挑戦し続けなければならない。

5．持続可能性の教育における学びの特質

　持続可能性の教育は，新たな学びの様式を創出し，新たな学びの様式によって実践されてきた。本書の共同の編著者である諏訪哲郎（日本環境教育学会会長），多田孝志（国際理解教育学会元会長）は，いつも「佐藤さんの提唱する『学びの共同体』の学びは，環境教育・国際理解教育の学びと共通している」と指摘される。そのとおりと納得するのだが，なぜ，学びの共同体の学びと環境教育の学びと国際理解教育の学びは共通した性格を示すのだろうか。その共通点は次の三点にあると思われる。

　第一は，学びを活動的で協同的で反省的な実践として定義していることである。かつてジョン・デューイは，学校における学びは二つの過ちを冒していると指摘した。一つは，地図上で旅をさせる過ちであり，もう一つは地図を与えないで彷徨させる過ちである。この比喩は知識と経験の統合に学びの本質があることを教えている。デューイが指摘したように「学びは既知の世界から未知の世界への旅（journey）」なのである。その旅（学び）において学習者は，新しい世界と出会い対話し，新しい他者と出会い対話し，新しい自己と出会い対話する。私はこの学びの性格を，対象世界（モノ，テキスト，資料）との出会

いと対話（世界づくりの文化的・認知的実践），他者との出会いと対話（仲間づくりの社会的・政治的実践），自己との出会いと対話（自分づくりの実存的・倫理的実践）の統合としての「対話的実践の三位一体論」として提起してきた。

この活動的で（モノ・テキストとの出会いと対話），協同的で（他者との出会いと対話），反省的な（自己との出会いと対話）学びの特質は，確かに環境教育の学びや国際理解教育の学びにおいて，通常の教科学習以上に顕著に表現されている。

第二は，プログラム型の学びではなく，プロジェクト型の学びを推進していることである。プログラム型の学びは，「目標—達成—評価」の単位に構成された学びであり，教育内容としての知識と技能を階段状に一方向に配列したカリキュラムと，その知識と技能を効率的に伝達し修得する授業によって構成された学びである。その原型は大工場生産のアセンブリラインにある。事実，1910年代にプログラム型の学びを定式化したフランクリン・ボビットは，大工場の大量生産システムを実現したフレデリック・テイラーの「科学的経営の原理」をそのままカリキュラム理論に翻案している。「生産性」と「効率性」を追求するプログラム型の学びは，その後一世紀近く，学校教育の支配的な授業と学びの様式として世界中で実践されてきた。

それに対抗する教育として，同じく1910年代以降の新教育の実践者たちは，主題や問題を中心として活動的で探究的な学びを標榜するプロジェクト型のカリキュラムと学びを創造的に展開してきた。プロジェクト型の学びにおいては「主題—探究—表現」の単位がカリキュラムを構成する。プログラム型の学びにおいては「生産性」と「効率性」が追求されるのに対して，プロジェクト型の学びにおいては「学習経験」の質とその文化的意味が追求され，活動的で協同的で反省的な学びが奨励されてきた。

環境教育における学びや国際理解教育における学びは，このプロジェクト型の学びを積極的に推進してきた。環境教育や国際理解教育においては，知識や技能の内容もさることながら，その学び方において活動的で協同的で反省的な

スタイルが尊重されている。

　第三は，学びを自然過程ではなく，文化的，社会的，政治的，倫理的実践として性格づけていることである。学校における学びは，長らく行動科学の心理学によって支配されてきた。1910年にジョン・ワトソンが行動科学の心理学を宣言して以来，学びは刺激と反応の強化による行動の変容として定義され，動物実験を基礎としてさまざまな学習心理学の原理が研究され，その研究成果によって学校の学びの概念とスタイルが構成されてきた。その影響は大きく，1980年代までの学習心理学はこの行動科学の考え方によって支配されていた。その特徴は，動物実験が主要な研究方法として活用されたことに示されるように，学びを能力と技能の獲得と定着の自然過程として捉えていたところにある。今日でも学びの内容を「能力」あるいは「技能（スキル）」として規定する場合は，おおむね，行動科学の考え方が支配していると言っても過言ではない。昨今，「人間力」をはじめとして「〇〇力」という用語が乱用されているが，それらも行動科学の影響を受けた心理学主義の学びの概念である。

　1980年代以降，認知科学の発展によって行動科学への批判が相次ぎ，学びの概念はラディカルに再定義されてきた。行動科学の学びにおいては，リー・ショーマンが指摘したように「内容（content）」「認知（cognition）」「文脈（context）」の三つのCが欠落している。学びは抽象的で一般的な能力や技能の形成ではなく，特定の文脈で遂行される特定の内容の特定の認知の実践である。すなわち，特定の内容や特定の認知や特定の文脈から遊離した能力や技能は，存在しないのである。さらに人間の学びと動物の学びとは決定的に異なっている。動物の学びは刺激と反応の強化による自然過程であるが，人間の学びは文化的意味とその関係の構築によって遂行される文化的実践であり，コミュニケーションによって媒介された社会的実践であり，規範と価値の選択にかかわる倫理的実践である。ジョン・デューイとレフ・ヴィゴツキーがともに指摘したように，人の学びは言語という「心理学的道具」によって遂行される点で動物の学びとは質的に異なっている。

　環境教育における学びや国際理解教育における学びが，特定の「内容」と特

定の「認知」と特定の「文脈」を重視し，文化的社会的倫理的実践として遂行されていることは明瞭である。環境教育や国際理解教育における教育内容は，一般的で抽象的な知識や能力や技能の形成が求められているのではなく，知識や能力や技能のレリバンス（現実的な意味，現実との関連）の形成が求められている。言い換えれば，「知識の意味」の理解が目的とされるよりもむしろ，「知識の意味の機能」の理解が求められている。

　学びの内容を「知識の意味」にとどまらず「知識の意味の機能」に求めることは，21世紀型の学びにおいて特に重要である（PISA型学力が「知識の活用能力」として定義されていることを想起しよう）。ここでジョン・デューイ，レフ・ヴィゴツキー，ジェローム・ブルーナーの知識概念と学びの概念の卓越性について言及しておこう。デューイ，ヴィゴツキー，ブルーナーは，いずれも知識の意味よりも意味の機能において知識の意義を論じていた。そして知識の意味の理解よりも，むしろ知識の意味の機能の活用を学びの活動として位置づけていた。この革新的伝統を理論的基礎としてプロジェクト型の学びを性格づけることが可能である。

6．持続可能性の教育の展望

　持続可能性の教育は，生き方の教育であり倫理の教育でもある。どのような教育内容の学びも倫理的価値をもち，生き方の選択につながる倫理的実践としての様相を帯びている。しかし，持続可能性の教育における学びは，他の教育内容と比べて，いっそう直接的に生き方の選択にかかわり，より直接的に倫理的実践として展開している。その意味で，持続可能性の教育における学びは，何よりも哲学的実践である。

　生物多様性の保護，再生エネルギーの活用，人口問題の解決，戦争と紛争と暴力の撲滅，恐慌の回避，貧困の根絶，人権の擁護，多文化共生，差別や排除の克服，リスクの回避と防災など，持続可能性の教育において対象とすべき問題群のすべてが，私たち自身の生き方と倫理を問い直している。

持続可能性の教育は，知識にとどまらず実践の基盤となる思想と哲学の教育であり，さらに知識，思想，哲学にとどまらず価値と倫理の教育であり，知識，思想，哲学，価値，倫理にとどまらず，感情と行動と生き方（ライフ・スタイル）の教育である。その教育は，総括的に表現すれば，「自律的で創意的な主体の革命」を要求する教育である。

　持続可能性の教育は，したがって一領域の教育というよりも「科学と知恵と倫理と生き方」を教育する包括的なアプローチをとってきた。持続可能性の教育が，知識と経験，行動と倫理，自律性とコミュニケーションを結合し，経済システムとライフ・スタイルの見直しを学びの内容と方法に具体化してきたのは，その結果である。

　持続可能性の教育は，持続可能な社会を担う次世代の子どもたちに必要な生き方（倫理と行動）の教育を行っている。環境の変化を敏感に察知し，多様な生命に対するケアの感情を育てる教育，自然の小さな現象を環境システム全体において構造的に認識する教育，異質な人々の文化の多様性から学び対等にコミュニケーションを行う教育，商業主義的な消費社会の矛盾に気づき生活文化を豊かにする教育，人の尊厳を尊重し差別され排除された人々と連帯する教育など，持続可能性の教育において取り組まれている教育内容は，いずれも認識と行動を結びつけ，倫理と行動を結合し，システムとライフ・スタイルを再構成する実践を要請している。そこに，持続可能性の教育の難しさと同時に最大の魅力があると言ってよいだろう。

　最後に私見を述べれば，「ESD」という用語については，今後検討が必要だろう。「ESD」が国連において提起されてすでに13年を経過し，この概念は教育実践における国際的な合意と連帯を形成している。問題は，この用語が日本国内において10年以上経過したにもかかわらず，十分に定着していないことにある。教師たちや市民に持続可能な社会を実現する教育の必要性の認識が不十分なためではない。「ESD」自体が，政府と文部科学省が主体となって推進するものとして限定的に理解されてきたからである。この常識的なイメージは，事実と符合している。さらに言えば，この事実も常識的なイメージも，今後，

大きく変化することはないだろう。誤解されないように述べておくが，私は，政府と文部科学省が推進する「ESD」に対して批判的であるわけではない。むしろ，政府と文部科学省はいっそう「ESD」の推進に尽力すべきだし，私自身も微力ながら，今後も協力を惜しまないつもりである。さらに「ESD」は，国内の実践と海外の実践との国際的連帯を築く概念として教育学の中心概念の一つとして定着しているし，今後も活用されるべきである。

　しかし，日本国内の教育において「ESD」という用語は，その用語自体が教師や市民にとって親近感のある用語にはなりえないし，現在多種多様に推進されている持続可能性の教育の実態を表現していない。今後，この用語が持続可能性の教育の多様な実践を包括するものとなる可能性も薄いと思われる。私見では，国内の教育においては「ESD」という用語よりも「持続可能な発展（開発）のための教育」あるいは「持続可能な社会をめざす教育」のほうが実態に即していると思われるし，より端的に「持続可能性の教育」と表現したほうが好ましいと思う。こう表現したとしても「持続可能性（sustainability）」という翻訳語につきまとう疎遠なイメージはまぬがれないのだが，それはこれに替わる言葉が創出されるまでは致し方ない（英語の語感には堅苦しいイメージはない。「もちこたえられる」「たえられる」「いつまでも存在できる」というぐらいの語感であろう）。

　持続可能性の教育は，その内包と外延に分けて認識する必要がある。その内包において，持続可能性の教育は，地球の持続可能性の保持，生物多様性の保護，自然との調和，再生可能エネルギーの開発と再生可能な生活様式の構築，多文化共生，戦争と紛争の抑止，貧困と暴力と差別と排除の撲滅，人間の尊厳と人権の確立，人口問題の解決など，持続可能な社会を実現する直接的な課題の教育として具体化されている。もう一方で，持続可能性の教育は，その外延において，教育のすべての領域を「持続可能性」という理念と哲学によって再構成する実践として展開されている。本章で繰り返し指摘したように，持続可能性の教育は，教育の一領域であるだけでなく，すべての領域の教育の究極的な目的でもある。持続可能な社会をめざす教育実践は，資本とテクノロジーの

暴走に隷属した現代社会のゆがみを照射し，持続可能な社会を実現するための「科学と知恵と倫理」に基づく人と活動のシステムとネットワークを構成する実践である。そこに21世紀の教育が担うべき人類史的な使命と責任がある。

(佐藤　学)

第 2 章

持続可能な発展のための教育(ESD)の世界的潮流

1. グローバル・エシックスへの扉を開く

(1) はじめに

ユネスコとESDのかかわりは，2005年にユネスコが国連から「ESDの10年」を引き受けるかたちで，スタートした。2014年にその最終年を迎え，11月には日本がホスト国となって，愛知と岡山の2か所で世界会議を行った。

持続可能な発展（開発）のための教育（ESD）は，日本が提唱した数少ない世界的なプログラムの一つである。2002年のヨハネスブルグ・サミット（持続可能な発展に関する世界首脳会議）において，当時の小泉純一郎総理が，持続可能な発展を支える教育的側面の重要性を指摘したことが，2005年の国連における「ESDの10年」に結びついた。

私自身は，ESDにかかわったのは文部科学省の国際統括官に就任した7年ほど前のことである。国際統括官の仕事は，ユネスコ関連が大半を占める。当時ユネスコ国内委員会会長であった吉川弘之東大総長が，非常に熱くESDについて語っておられたことを思い出す。吉川総長をはじめとするESD推進者の話を聞くなかで，ESDに不明であった私も，これは非常にポテンシャルの

あるコンセプトであると，強く興味を抱くようになった。

一方，いかにして日本で推進すべきかに当たっては，初等中等教育局長であった金森越哉氏に相談をしたところ，彼はESDの考え方に興味を示してくれた。ちょうど教育課程の改訂が進んでいた時期で，最終的には，現在の学習指導要領のなかに，持続可能な社会に関する言及が随所に反映されることになった。これは，非常に重要な一歩になったと思う。

(2) 何を持続可能にするのか

一概に「持続可能な社会」と言っても，何を持続可能とするのか。2005年当時の日本は，「失われた10年」の直後にあり，経済の持続性が真っ先にあげられたであろう。しかし，環境サミットで提唱されたのは，経済優先の社会から，もっと広い意味での持続可能な社会への転換であり，人間が自然環境との関係をどう考えるかであった。では，それをいかに具体的なかたちで教育に落とし込んでいくか。

環境学習，生物の多様性，気候変動，防災の一部などは，ESDと教育の接点として真っ先にあげられるイシューであろう。実際，これらはすでに，小・中・高等学校，大学も含めて，ずいぶん学習のなかに取り入れられてきている。

「国際理解学習」は，ジャンルとしては昔から存在しており，人間社会が安定的な社会を築くために，異なる文化をもつ国・地域や人が，お互いに理解する必要があるというコンセプトである。世界遺産の思想も基本的にこれに近く，地球上のさまざまな文化遺跡を世界遺産とし，その歴史を理解するという考え方である。こういった例からみれば，「持続可能な社会の構築」という目的は，もうすでに学校教育でかなり実施されており，日本だけでなく，各国で実施されていると言えよう。

(3) 持続的な社会への気づき

2002年のヨハネスブルグ・サミットの前にも，「持続可能な社会」へとつながる大きな流れがあった。おそらく最初の大きな流れは，1960年代まで遡るだ

ろう。

　最初に「持続可能な社会」の重要性に気づいたのは，地球環境に関するデータに接している科学者，自然科学者であった。人口動態などを研究する社会学者も，非常にゆっくりと増えてきた人口が，産業革命以降の250年で，垂直に近い動線を描いて急増しており，人口の爆発的な増加を危惧していたに違いない。こういった有識者たちの気づきは，1972年にローマクラブ[1]が発行した報告書『成長の限界』というかたちで世に警鐘を鳴らした。1992年のリオ・サミット，2002年のヨハネスブルグ・サミットおよび2012年リオ・サミット（リオ＋20）と続く一連の国連会議の中で，2002年のヨハネスブルグ・サミットにおける「持続可能な開発」の提唱は，こうした流れの延長にある。

　では，環境と開発とのバランスをどう考えるか。サミット当時から，発展途上国の利害と先進国の利害は相容れない状況にあった。すなわち，発展途上国はこれから開発を進め，国民の生活を豊かにしたいというが，先進国は，もうこれ以上化石燃料を浪費していては近代社会自体が持続できないという対立構造である。この二つの考えが真っ向から衝突するなかで，ESDは生まれた。

(4)　停滞を経て次の10年へ

　「ESDの10年」の中間点に当たる2009年に，ドイツのボンで世界会議が開かれた。この時点で，ユネスコはほとんど成果を出せていなかった。ユネスコ本部に小さなセクションがつくられてはいたが，予算はほとんどなく，ユネスコにおける唯一のESD財源であった日本からの任意拠出金が奪い合いになるような状況であった。この2009年の時点で，私たちはユネスコに対しもっと積極的に取り組むよう，当時の松浦晃一郎事務局長に直訴している。財源についても，日本から提案されたプログラムとはいえ，日本だけでなく，他の国も出資すべきということを主張し，ユネスコ総会で決議を通した。

　そうした経緯を経て，2012年に，リオデジャネイロで「リオ＋20（国連持続可能な発展サミット）」が開かれた。この会議において，水面下では先進国と発展途上国のそれぞれの思惑が激突していたが，ESDについては2014年以降

も継続していくことが採択された。

(5) 生きる力への活用

　日本で教育関係者にESDについて話をすると，その教育的メリットを聞かれることが多い。そういった場合，「21世紀にこれからの子どもたちに必要とされる能力」（OECDでは「キー・コンピテンシー」というコンセプトで示すもの）を養成することが，ESDの本質であると私は説明をしている。別の言葉で言えば，グローバルに通用する学力とグローバルに通用する倫理観を養成することである。

　たとえば，日本人が弱いとされる「クリティカル・シンキング」などもこの能力に含まれるだろう。日本語に訳すると「批判的思考」となるので，ニュアンスが少し変わってしまうが，一つの考えを鵜呑みにせずに，自分でも考えてみるといった姿勢と言えばいいだろう。プレゼンテーション力も，日本人が苦手とする分野と言えよう。

　こういった能力を磨くことは，自律的に行動する能力や，多様な社会グループにおける人間形成力といった，まさに「生きる力」につながるものである。現代社会においては，子どもだけでなく大人にも生きる力の低下はみられる。こういう当たり前の課題にも，ESDを切り口として活用すれば，もっと幅のあるおもしろい教育ができるのではないだろうか。

(6) ESDとユネスコスクール

　第二次世界大戦の反省のもとに，世界平和を実現するための政治的枠組みとして国際連合が生まれた。国連憲章を読んでみると，国連は平和を志向しつつも，最終的には軍事的な力を使ってでも世界平和を維持するという基本的な枠組みでできている。一方，ユネスコは，軍事的，物理的な力を離れ，文化や教育，学術などを通じて平和で持続的な社会をつくろうというミッションのもとで生まれている。

　そういう意味では，ユネスコとESDは，根本的な部分が共通していると言

える。このユネスコの「世界平和の構築」の精神に賛同する学校が，世界180以上の国や地域で約1万校あり，それがユネスコスクール[2]として登録されている。日本におけるユネスコスクールの歴史はおよそ50年あるが，つい最近までわずか20校程度であった。これでは社会的インパクトもなく，ユネスコへの理解も浸透しない。

　そこで，ユネスコ活動を再構築する第一歩として，ユネスコスクールを500校にする目標を立てた。その際，単にユネスコスクールを増やすだけではなく，ESDの普及とリンクさせることを目論んだ。つまり，新しくできるユネスコスクールは，その地域におけるESDの拠点校的存在となることをお願いした。

　その後多くの人々の努力で，登録は現在913校にまで伸び，早晩，1000校に近づく勢いである。ユネスコスクールが地域ごとに1，2校あれば，その地域全体でESDの普及が期待できる。また大学においても，ユネスコスクールの活動を支援するネットワークとして，「ユニブネット」（ASPUnivNet）の発足が，2008年の「ESD国際フォーラム」の場で決定された。現在，岡山大学が中心になり，17校が参加して活動を展開している。ユニブネット設立に当たり，ブロックごとに教員養成学部をもつ大学をターゲットにした。これは，ESDを地域に浸透させるには，大学の教員養成学部の理解が必須であり，またそこで学ぶ学生の多くが，いずれその地域で教職につくということを見すえてのことである。

　ESDは教科ではない。その意味では内容も，教科も限定されない。そのため，教員の姿勢に影響を受けるところが大きい。環境についてきちんと考えなければならないという意識が教員にあれば，それは国語であっても，英語や算数であっても，子どもたちに着実に伝わっていくだろう。ESDの価値観の浸透には，まず教員からということで，ユニブネットでの活動は非常に重要である。

(7)　グローバル・エシックスへ

　ユネスコの加盟国は現在195か国で，そのうち7割が発展途上国である。この20年で貧困と富の偏りは拡大し，それがいかに持続可能な社会を脅かしてい

るかはもっと認識されるべきである。格差問題は，世界中でおこっており，そのスピードや程度が違うだけで，日本にもある。世界的なテログループの問題にしても，さまざまな要因があるとはいえ，背景には明らかに貧困問題が存在している。

　食の問題にしても，日本は裕福で大量の食料を世界から買っているが，輸入した食料の6割から7割は廃棄処分されている。廃棄処分とは，動物の飼料になったものも含め，人間が食べずに捨てたものである。これは，流通にかかわる点が大きい。たとえば，コンビニなどで見られるように，一定の時間がたった商品は自動的に廃棄処分にされる。賞味期限がきたものも同様である。しかし，一方では世界中で4分の1に当たる人々が飢えに直面している。この状況をどう考えるのか。

　歴史的にみれば，産業革命以降に台頭した「世の中は進歩し，もっといい世界，もっといい人生が待ち受けている」という思想に一端があるだろう。では，いい人生とは何か。車を買いたい，暑いからクーラーを入れたい，寒いから暖房を入れたいという物欲に一元化され，それを産業革命によって飛躍した生産効率が可能にした。

　それを最初に先進国と言われる国が実現し，今，発展途上国が追ってきている。しかし，どうみてもこのシステムは持続可能ではない。

　行動や生活の様式を変えることは非常に難しい。しかし，子どもには柔軟性があり，彼らは，大人が脱することができない行動様式を，自ら変えることができる可能性をもっている。そのために，ESDではみんなで考えることからはじめたい。人によって価値観は違うが，考え議論するなかで，自分から変わらなければだめだという気づきが生まれるはずだ。

　その意味で，ESDには大きな可能性があると信じる。おそらく21世紀における，一種のグローバル・エシックス，つまり世界的標準の倫理規定的な概念を考えるとき，ESDが有効な入口になると考えるからだ。

　ESDの次の10年は，サステナビリティというコンセプトが，我々現代人にどういう意味をもっているのかを考えるところからはじまる。

2．ESDをめぐる世界の動向と日本の今後への提言

(1) ESDをめぐる世界の動向（過去，現在，未来）

　ESDを世界的潮流としてみた場合，その系譜は，どこからはじまるのであろうか？　1987年にブルントラント（Brundtland, G. H.）女史が，「持続可能な開発」を明確に定義することによって，我々は「持続可能性」の世界史的な重要性を認識することとなる。しかし，考えてみれば，18世紀中葉，イギリスで産業革命がはじまり，産業の生産性が大幅に向上し，便利で効率的な近代社会が成立する過程で，無尽蔵と考えられた天然資源が実は有限のものであり，経済成長を続けることが困難であることに気づくことになる。

①ローマクラブの提言

　その意味で，1972年のローマクラブの提言『成長の限界』のなかで，"sustainable" という言葉を使用し，その意味内容として「突然かつ制御不能な崩壊を招かないこと」と「各国国民の基本的物質的要求を満足させること」の二つの条件を満たすことが重要であると述べている。世界は1960年代の経済成長期のなかで，人類の爆発的人口増，自然環境の悪化，天然資源の枯渇化等が顕在化し，社会の「持続可能性」を疑わざるをえない状況になっている。

　そのような時代背景のなかで，ローマクラブの指摘は時宜を得たものである。この1972年という年は，実はユネスコの世界遺産条約が採択された年でもある。ユネスコが，世界の文化遺産，自然遺産を保護するために条約を制定することとなったのも，自然破壊や文化財の消滅が「開発」の進展により，世界的に大きな問題となっていた当時の状況があったからである。

② "Our Common Future"

　このような世界の潮流が，1987年の "Our Common Future" に流れ込んでいく。この報告書のなかでブルントラント女史は，「持続可能な開発」とは「将来の世代が必要とするものを確保しながら，現在の世代のニーズに応えられる

ような開発（"Sustainable development is development that meets the needs of the present without compromising the ability of future generations to meet their own needs."）」であると明確に定義している。

③地球サミットー1992年

1992年に国連環境開発会議（地球サミット）が，リオデジャネイロで開催され，「持続可能な開発」の実現に向けた話し合いがもたれた。この地球サミットで特に重要なのは，成果文書の一つである国際的行動指針「アジェンダ21」に教育の重要性が盛り込まれたことである。

④ヨハネスブルグ・サミットー2002年

2002年，ヨハネスブルグで開催された「持続可能な開発に関する世界首脳会議」において，日本が「ESDの10年」を提言し，最終文書に盛り込まれることとなった。

これをうけてその年の12月，第57回国連総会本会議において2005年から2014年までの10年間を国連「ESDの10年」とすることが採択された。

そして，教育分野の国連の専門機関であるユネスコがリード・エイジェンシー（取りまとめ実施機関）として指名された。

⑤ユネスコにおける取り組み

ユネスコでは，教育局のなかにESDの企画および実施のためのセクションがつくられ，2003年7月に「ESDの10年国際実施計画」素案が発表され，翌2004年10月の第59回国連総会に，この案が提出されることとなった。

2005年3月1日，国連本部にて正式に「ESDの10年」開始記念式典が開催された。

ユネスコでは専門家による会議の開催などを通じて，ESDの普及のための取り組みを行うが，残念ながら教育学的なコンセプトの整理が中心で，先導的な実施計画は実施できていない。いくつかの理由が考えられるが，一つはユネスコ事務局の予算不足があげられる。ユネスコは各国の分担金により運営されているが，慢性的財政難で，ESDのような新しい事業に十分な定員・予算を振り向けることが困難な状況にあった。また，ユネスコが「万民のための教育

(Education for All)」や「識字教育」などの従来からのプログラムとの優先順位をめぐって組織内部のコンセンサス形成に困難があったと考えられる。予算的には，毎年の予算は非常に少額で，職員も専任は3名しかいない状況であった。日本は文部科学省を通じ，特別にESDの推進のための基金をユネスコにつくり，毎年ユネスコのESD事業を支援してきた。

⑥ ESDボン会議－2009年

国連「ESDの10年」のちょうど中間点である2009年に，ドイツのボンで，ESDの大臣レベル会合が開催されることになった。

ユネスコ加盟国のなかで，日本とドイツがESD推進に特に積極的で，ヨーロッパではノルディック諸国（ノルウェー，フィンランド，デンマーク）も興味をもっていた。

ボン会議の前に，日本とドイツはESD推進のための会合をパリで数回もち，協力してユネスコ総会でESD推進を求める決議等の採択を準備した。日本，ドイツ以外に多くの国が共同提案国となり，この決議案はユネスコ総会で採択され，ドイツでESDに関する国際会議が開催されることとなった。残された5年間，どのようにESDを推進していくべきかを議論し，ボン宣言として取りまとめられることとなった。この会議が，ユネスコ事務局内部においてESDの位置づけを大きく変え，また，ユネスコ加盟国にとっても，ESDの推進を考えるよい機会になったと思われる。

⑦ GAPの策定

2013年の秋のユネスコ総会では，国連総会に対し，「ESDの10年」の成果と課題についての報告案が事務局より提示され，活発な討議がなされた。その中心的な部分は，10年の実績ではなく，2014年以降どのようにESDを推進していくのかをめぐる議論であった。この事務局案には，GAP（Global Action Program for Sustainable Development after 2014）という，将来に向けての実施計画が含まれていた。ある意味で，これからのESDの方向性は，このGAPに沿って展開されていくと思われる（GAPの重要性に鑑み，参考資料としてGAPの抄訳と解説を本章末に掲載しておく）。

ここで，簡単に GAP 策定の背景と内容について述べておく。日本やドイツをはじめ ESD の推進に熱心な国々は，国連の「ESD の10年」が終了することにより ESD の推進が失速してしまうことを懸念していた。ESD は，まだやっとスタートラインについたところと思われる。そのため，国連への10年の成果の報告にあわせ，将来への計画を提示し，引き続き ESD を推進する仕組みを考えたのである。

　国連本部では，現在，ポスト・ミレニアム・ディベロップメント・ゴール（POST-MDG）が議論されている。ユネスコ事務局としては，この国連の中長期目標のなかに ESD を明確に位置づけたい意向があるが，それが可能になるかどうかは，現時点では明らかではない。また，並行してグローバル・シティズンシップ（地球的市民教育）を推進するためのグローバル・エデュケーション・ファースト（GEF）が議論されていることも注意する必要がある。GAP の主な内容は，次の二つの目標からできている。

(a) すべての人が，持続可能な発展に貢献できるよう知識，技術，価値および態度（attitude）を習得する機会を得られるように教育と学習を再構築する（reorient）こと。

(b) 持続可能な発展を推進するすべてのアジェンダ，プログラムおよび活動において，教育および学習をいっそう強化していくこと。

　そして，GAPは，五つの優先行動分野を明確にしている。それは，1)政策的支援，2)機関包括型アプローチ(whole-institution approaches)，3)教育者，4)青少年，そして5)地域コミュニティ，に焦点を当てていることは重要と考える。

　そして，この GAP はユネスコ総会で採択され，「国連 ESD の10年」の最後の年を記念して日本で開催された「ユネスコ ESD 世界会議」で正式にスタートすることとなった。

⑧ユネスコ・ESD 世界会議

　日本は，「国連 ESD の10年」の最終年である2014年に愛知および岡山で記念の国際会議を開催することとし，ユネスコ事務局と一緒に準備を進めた。そして，2014年11月に，「ステークホルダー会合」を岡山市で，またその後，閣僚

級会合を名古屋市で開催した。

　日本で開かれたこのESD世界会議は，「国連ESDの10年」を振り返り，今後のESDの推進に向けて，ESDの重要性を世界各国の関係者と再確認する機会となった。そして，GAPが，この会議で正式にスタートした。私は，岡山市と名古屋市の二つの会合に出席したが，特に岡山市で開催されたステークホルダー会合は，ESDのステークホルダーである学生生徒，教員，NGOなど幅広い関係者が一堂に会して活発な議論が展開され，熱気を感じた。

(2)　日本におけるESD推進への提言

　私は，ESDが日本でいっそう推進されるようになるには，いくつかの条件が満たされる必要があると考えている。

①持続的な社会をつくる重要性の国民的レベルでの認識

　国民の多くの人が，「持続的で安定した社会」を築くことの重要性を本当に理解することが大前提であると思う。我々世代が享受できた経済的豊かさや美しい自然環境などを子どもや孫の世代に引き継がせることができるのか，みんなで考えてみる必要がある。我々は，現在のような大量消費型の生活を続けることは，すでに持続可能性がないということを感じているはずである。資源だけの問題ではない。地球温暖化の問題や貧困の問題等，まさに地球規模の課題に日本人も直面している。現在進行中の，いわゆるグローバリゼーションが，経済，社会，政治，文化等あらゆる側面に変革を迫っている。

　このような日本を取り巻く状況から，私は，日本人がこの問題の重要性に気づき，急速に認識を変化させつつあると考えている。

②学校教育におけるESDの推進について

　初等中等教育においてESDのいっそうの推進を考えるならば，学習指導要領におけるESDのいっそうの明確化が必要になると思う。現在の学習指導要領にも，持続的な安定した社会が必要という認識に基づく「持続可能性」という言葉はかなりの頻度で書かれている。しかし，GAPが目標とするように，「教育・学習」をESDで再構築（reorient）するためには，よりいっそうの位

置づけの明確化が求められる。私は，学習指導要領における位置づけの明確化が遅れる場合は，むしろ大学等における高等教育のカリキュラム編成において，ESD を明確化する動きが先に出てくるのではないかと考えている。大学のほうがグローバルな動きに敏感であるからである。また，日本の状況から考えて，いわゆる「学力」問題を避けて通ることは難しいと思う。

ユネスコスクールで ESD を導入したケースでは，保護者から ESD を実施して「学力」がつくのかどうか質問されることがよくあるそうである。保護者を納得させるためにも，ESD が「21世紀のグローバルな学力」をつける教育であることを実証する必要がある。私は，特に重要な分野として「クリティカル・シンキング（critical thinking）」を強調すべきと考える。前述のように「クリティカル・シンキング」は批判的思考と訳されているが，「批判的」（他人の責任を追及したり，非難する）意味合いはほとんどない。むしろ，客観的規準（criteria）に則して，慎重に思考を進めていく方法論と言える。

問題を発見する力，解釈のために正しい情報を収集する力，正しい情報に基づき問題解決の方策を見つけだす力，そして最後にその方策を他者に理解させる力——これら一連の思考力およびそのためのスキルを習得させる必要がある。世界がグローバルになれば，競争相手もグローバルにならざるを得ない。「21世紀に必要な学力」とは，新しい問題に対し自分自身で解決策を考える力が中心となってくると考える。

一方，保護者の求める「学力」以上に重要なのは，「21世紀の世界を生きる倫理」の側面ではないだろうか。ESD は教育の究極の目的である「人はいかに生きるべきか？」という問いに対して，その答えを子どもたち自身に考えさせなければならない。どうすれば「21世紀のグローバルな倫理」を育むことができるかが求められている。

③ ESD の推進のための具体的な提言
1) 「持続可能性」について国民レベルでの議論の深化：地域コミュニティなどの草の根レベルからの全国的な組織，あるいはマスコミ等で議論を深めていく必要がある。

2）教育関係者の役割の強化：学校教育において ESD を推進するため，教育関係者を対象とした研究会，勉強会などの研修機会の充実を図る。

3）ユネスコスクールの充実：ESD を推進するための地域の拠点という機能を果たすため，いっそうの積極的教育実践と地域社会に対する情報発信を行うことが期待される。

4）地域社会の課題に貢献できる ESD：日本では，今後，地域社会の存立そのものが危ぶまれる状況が予想されるなか，地域の関係者と一緒になって「持続可能な地域社会」づくりに取り組むことにより，ESD を単なるコンセプトではなく，実践的，現実的な取り組みに変えていくことが期待される。

(木曽　功)

〈註〉
1　資源人口・紛争など，全世界的な問題に対処するため1968年に設立された，世界各国の有識者からなる組織。1972年に発行された第一報告書『成長の限界』は「人口増加や環境汚染などの現在の傾向が続けば，100年以内に地球上の成長は限界に達する」と警鐘を鳴らした。
2　ユネスコ憲章に示されたユネスコの理想を実現するため，平和や国際的な連携を実践する学校。世界の181の国・地域で9,000以上のユネスコスクールが存在する（2011年6月現在）。文部科学省および日本ユネスコ国内委員会では，ユネスコスクールを ESD の推進拠点として位置づけ，その加盟校増加に取り組んでいる。

資料

持続可能な発展のための教育（ESD）に関する
グローバル・アクション・プログラム（抄訳）

序 論

　持続可能な発展のためには我々の思考と行動の変革が必要である。教育はこの変革を実現する重要な役割を担っている。そのため，すべてのレベルの行動によって持続可能な発展のための教育（ESD）の可能性を最大限に引き出し，万人に対する持続可能な発展の学習の機会を増やすことが必要である。持続可能な発展のための教育に関するグローバル・アクション・プログラムは，この行動を生み出すためのものである。

　教育の向上及び再構築は，1992年にリオデジャネイロ（ブラジル）で開催された国連環境開発会議にて採択されたアジェンダ21の目標の一つであり，その第36章では「教育，意識啓発及びトレーニングの推進」について示している。持続可能な発展へ向けた教育の再構築は，2002年のヨハネスブルグ（南アフリカ共和国）の持続可能な発展に関する世界首脳会議の後に宣言された国連「持続可能な発展のための教育の10年（DESD・2005〜2014年）」のもと，多くの取組の焦点となった。

　2012年にリオデジャネイロ（ブラジル）で行われた国連持続可能な発展会議（リオ＋20）の成果文書である「我々が望む未来（*The Future We Want*）」において，加盟国は，「ESDを促進すること及びDESD以降も持続可能な発展をより積極的に教育に統合していくことを決意すること」に合意した。ESDに関するグローバル・アクション・プログラムはこの合意に応え，DESDのフォローアップを実施するものである。

　DESDは，これまで多くの成果を上げてきたが同時に，多くの課題も残されており，ESDの行動の拡大が必要とされている。

原 則

　グローバル・アクション・プログラムの文脈においては，ESDは以下の原則に従う。

(a) ESDは，現在と将来世代のために，持続可能な発展に貢献し，環境保全及び経済的妥当性，公正な社会についての情報に基づいた決定及び責任ある行動を取るための知識，技能，価値観及び態度を万人が得ることを可能にする。

(b) ESDは，持続可能な発展の重要な問題が教育及び学習に含まれることを伴い，学習者が持続可能な発展の行動へと駆られるような，革新的な参加型教育及び学習の方法を必要とする。ESDは批判的思考，複雑なシステムの理解，未来の状況を想像する力及び参加・協働型の意思決定等の技能を向上させる。
(c) ESDは，権利に基づく教育アプローチを土台としている。
(d) ESDは，社会を持続可能な発展へと再構築するための変革的な教育である。ESDは教育及び学習の中核に関連しており，既存の教育実践の追加的なものと考えられるべきではない。
(e) ESDは地域の特性に対応し文化多様性を尊重している。

目標（ゴール）と目的

グローバル・アクション・プログラムの全体的な目標（ゴール）は，持続可能な発展に向けた進展を加速するために，教育及び学習の全てのレベルと分野で行動を起こし拡大していくことである。

優先行動分野

グローバル・アクション・プログラムは五つの優先行動分野に焦点を当てている。

政策的支援（ESDに対する政策的支援）

ESDを教育と持続可能な発展に関する国際及び国内政策へ反映させる。ESDのアクションをスケールアップするためには，それを可能にするような政治環境が重要である。

機関包括型アプローチ（ESDへの包括的取組）

すべてのレベルと場においてESDの機関包括型アプローチを促進する。

教育者（ESDを実践する教育者の育成）

ESDのための学習のファシリテーターとなるよう，教育者，トレーナー，その他の変革を進める人々の能力を強化する。持続可能な発展及び適切な教育及び学習の方法に関する問題について，トレーナーやその他の変革を進める人々と同様，教育者の能力を強化することが急務である。

青少年（ESDへの若者の参加の支援）

ESDを通じて持続可能な発展のための変革を進める人としての役割を担う青少年を支援する。

地域コミュニティ（ESDへの地域コミュニティの参加の促進）

ESDを通じた地域レベルでの持続可能な発展の解決策の探求を加速すること。

持続可能な発展の教育及び学習を最大限に活用するためには，地域レベルの行動促進が必要である。

実　施

　グローバル・アクション・プログラムは，国際，地域，準地域，国家，準国家，国内の地方レベルで実施されることを期待されている。すべての関係ステークホルダーは，五つの優先行動分野のもとに活動を発展させることが推奨されている。

　実施を容易にするために，五つの優先行動分野それぞれのキーパートナーが特定され，各優先行動分野のもとの特定の行動に関するコミットメントが求められる。

　DESD の経験に基づく国内調整機能の設置，もしくは DESD のもとに整備され成功した機能が適切に継続されることが推奨される。

　ESD の適切な財源確保の活動の必要性が認識されている。

　グローバル・アクション・プログラムの実施状況は，定期的にモニタリングされる必要がある。

　グローバル・アクション・プログラムは，5年後にレビューされ，必要に応じて優先行動分野の変更もあり得る。

（文部科学省・環境省の仮訳の抜粋，一部表記を変更）

解説

　序文にも記されているように，持続可能な発展のための教育（ESD）が明確に提起されたのは，1992年の国連環境開発会議で採択されたアジェンダ21の第36章であった。そこでは持続可能な発展を推し進めるには，教育，意識啓発，訓練が重要と指摘された。その後，2002年のヨハネスブルグ・サミットにおいて持続可能な発展のための教育のいっそうの促進と再構築が求められ，2005年から2014年を「持続可能な発展のための教育の10年（DESD）」とすることが国連において決議された。グローバル・アクション・プログラム（Global Action Programme on ESD，以下 GAP）は，ポスト DESD に向けて，ESD を強化しスケール・アップさせることを意図したものである。

　それでは，GAP ではどのような戦略によって ESD を強化しスケール・アップさせようとしているのか。GAP の特色は，政策的支援，機関包括的アプローチ，教育者の養成，青少年への支援，地域コミュニティの参加という五つの優先行動

分野を明確に示した点である。それらの事柄をアジェンダ21の第36章やDESDで示された行動計画等と比較すると，GAPが焦点を当てている課題が明らかになる。

　アジェンダ21の第36章は，持続的な発展に向けた教育の再構築をめざし，そのために教育，意識啓発と訓練の推進を重視した構成となっていた。教育，意識啓発と訓練の推進に関連して，教員に対するトレーニングや学生の参加などへの言及はあるが，教育者の養成や青少年への支援を重点化した記載にはなっていない。

　一方，2005年のユネスコ執行委員会で採択されたDESD国際実施計画（DESD-IIS）では，DESDの目的として，①ESDのステークホルダー間のネットワーク，連携，交流等の促進，②ESDにおける教授と学習の質の改善，③ESDの取り組みを通した「ミレニアム開発目標」の達成のための支援，④各国でのESDを組み込んだ教育改革への支援，が掲げられた。そして，それをうけた日本の国内実施計画では，地域づくりや教育内容，学び方・教え方などへの言及がなされたが，総花的な列記のなかに位置づけられているにすぎなかった。

　それに対し，GAPでは，政策的支援，機関包括的アプローチといった，従来から重視されてきたことを継承した項目もあるが，①教育者の養成，②青少年への支援，③地域コミュニティの参加の三者を優先行動分野として位置づけた点は画期的である。DESDの経験を通して，ESDの強化にとって何が肝要であるかを学んだ結果がこのような優先行動分野の重点化になったものと思われる。

　今日，持続可能な社会の構築はますます重要な課題になっており，そのためには地域社会を巻き込んだ青少年に対する教育が求められている。また，教育者と学習者自身が自律的・協働的な新しい学びを修得していくことがいよいよ重要になってきたと筆者らは考えている。

（諏訪哲郎）

--- コラム ---

ESD の訳語をめぐって

　ESD (Education for Sustainable Development) の日本語訳は統一されていない。環境省は一貫して「持続可能な開発のための教育」を用いているが、文部科学省のもとに置かれている日本ユネスコ国内委員会と、その傘下のユネスコスクールでは「持続発展教育」を使っている。この「持続発展教育」には、sustainableの-able が訳出されていない「誤訳」と断言する人もいる。同じ漢字文化圏にある中国では「可持続発展教育」、韓国の場合、「지속 가능한 발전 을 위한 교육 (持続可能な発展のための教育)」でともに「発展」を用いている。
　この「開発」と「発展」について、井上有一は『環境教育辞典』(教育出版, 2013年) の『「開発」と「発展」』という項目で、

　　「この資源を開発することで地域社会は飛躍的に発展した」という文章で、「開発」と「発展」を入れ替えると日本語の文章として成り立たなくなる。しかし、英語ではいずれにも同じ "develop" という動詞が使われる。すなわち、この動詞は、「開発する＝より進んだ状態に何かを変化させる (自分に都合のよいものに変えていく)」という目的語を伴う他動詞としての意味と、「発展する＝より進んだ (望ましい) 状態にみずからが変わっていく」という目的語を伴わない自動詞としての意味の両方をもつ。

と述べ、「「国連開発計画 (UNDP)」「国連環境開発会議 (UNCED)」「持続可能な開発に関する世界首脳会議 (通称ヨハネスブルグ・サミット, WSSD)」のように、含意の違いを考慮に入れることなく、多くの場合、「開発」が定訳として使われている」と、暗に政府の公式訳の不適切さを指摘している。
　では、ESD の場合、「開発」と「発展」のどちらが正しいのであろうか。Sustainable Development 概念の初出とされる1980年の『世界保全戦略』(国際自然保護連合が委託、国連環境計画、世界自然基金の協力を得て刊行) では、Development is defined here as: the modification of the biosphere and.... (Development は、ここでは生物圏の改変、…と定義される) と、他動詞の

「開発」に近いニュアンスで使われている。

　また，1987年に「環境と開発に関する世界委員会（通称ブルントラント委員会）」が公表した最終報告書 Our Common Future では，資源開発をめぐって激しく対立していた先進国と途上国を同じ議論の場につかせることを意識して「将来の世代のニーズを満たす能力を損なうことなく，現在の世代のニーズを満たすような development」という sustainable development の概念を提示しており，「開発」という意味合いが濃い。

　しかし，1992年の「国連環境開発会議（通称リオ・サミット）」で合意された「アジェンダ21」の教育についての記述（第36章）には「人々が sustainable development の重要性を評価し，それに取り組む能力をもつように態度を変えるには，公式，非公式を問わず教育が不可欠である」という文があり，ここでの development は，「より望ましい状態に人々が変わっていく」という意味合いが表れている。そして，2002年に開催された「持続可能な発展（開発）に関する世界首脳会議」のヨハネスブルグ宣言では，pillars of sustainable development – economic development, social development and environmental protection – と，「経済的発展」「社会的発展」「環境保全」の3本の柱からなる sustainable development と表現しており，ここの development の日本語訳も「発展」がふさわしい。

　このように，実は，国際的な会議等で用いられてきた development の概念自身が，「開発」から「発展」に変化してきている。国立教育政策研究所も，2004年に実施したシンポジウムでは『「持続可能な開発」と21世紀の教育』と，「開発」の訳語を用いていたが，2012年に刊行した報告書は，『学校における持続可能な発展のための教育（ESD）に関する研究』と，「発展」の訳語を用いている。国立教育政策研究所が訳語を変えたのは含意の変化をしっかりと汲み取った変更と評価できる。

　以上のような経緯を踏まえ，本書では sustainable developement に対し，極力，含意に沿って表記するようにしており，おおむね2000年以前は「持続可能な開発」，それ以降は「持続可能な発展」を採用している。　　（諏訪哲郎）

第3章

持続可能性の教育，その学習方法の基本原理

1．「持続可能性の教育」の学習の基盤

　本章では，持続可能性の教育の学習方法の基調をなす，基本原理について考察していく。

　第1章で，佐藤学は「持続可能性の教育は，知識にとどまらず実践の基盤となる思想と哲学の教育であり，さらに知識，思想，哲学にとどまらず価値と倫理の教育であり，知識，思想，哲学，価値，倫理にとどまらず，感情と行動と生き方（ライフ・スタイル）の教育である。その教育は，総括的に表現すれば，『自律的で創意的な主体の革命』を要求する教育である」と記している。このことに深く共感する。ではいったい，「自律的で創意的な主体の革命」は，どのような学習方法によって具現化するのであろうか。「持続可能性の教育」を推進する実践者の視点から，問題点を分析し，課題を考察してみる。

(1)　未来志向を支える基盤の脆弱さとその要因

　持続可能性の教育は，「未来に希望がもてる社会を築く」ため，「自分の考えをもって，新しい社会秩序を作り上げる地球的視野をもった市民の育成」を目的としている。「未来志向性」はこの教育の基本的方向であろう。

未来は，現在の延長上に構築されていく。問題は，未来を創るための現代の教育の基盤が脆弱になっていることである。その要因は政治・社会・経済・文化等広範囲かつ複雑に絡み合っているが，ここでは教育実践にかかわりの深い，次の2点について考察する。

　その第一にして根源的問題は，青少年の現状である。過度の比較・効率重視，功利主義の蔓延の世相のなかで，青少年の内向き志向，自己肯定感がもてないモノローグ傾向が指摘されている。2014年の『子ども・若者白書』は，韓国，アメリカ，英国，スウェーデン，ドイツ，フランス，日本の13～29歳の男女1000人を対象とした世界7か国の若者のインターネットによる意識調査の結果を報告している。同白書によれば，将来への希望に関する問い「自分の将来に明るい希望を持っているか」に対し，「希望がある」「どちらかと言えば希望がある」との回答は，日本は61.6％であり，他の6か国の82.4～91.1％を大幅に下回り，7か国中最低であった。「自分自身に満足している」「自分には長所がある」もまた最下位となっている。「自分の参加で社会現象が少しでも変えられるかもしれない」と回答した日本の青少年も最下位であり，わずか30.2％であった。この調査結果からは，自分に自信がもてず，行動力に欠け，将来について悲観的な日本の若者像が浮き彫りになった。

　確かに独立心に溢れ，精力的に多様な世界で活動している若者もいるが，多くの青少年は，対人関係に苦手意識をもち，過剰なほど傷つくことを恐れ，自己表現しない傾向にある。また情報機器への過度の依存，体験の欠如，社会や家庭における対話の不在等により，感性・感覚，イメージ力が劣化している。

　講演会・研修会等さまざまな機会に，参加した小・中・高の先生方に，いまの子どもたちは「人間関係に苦手意識をもっているか」「自分に自信がなく自己表現することを避けようとするか」と問うと，どの会場でもほぼ8割から9割の参加者が「その通り」と回答する。かつての暴力的な非行や可視的な「いじめ」は減少傾向にあり，表面的には他者とうまく交流しているようにもみえる。しかし，内面のニヒリズム，シニシズム傾向はむしろ増幅し，自己の精神をうまくコントロールできない子どもも増加している。知人の若い女性教師は，こ

うした状況を「静かなる心の崩壊」が子どもたちに広がっていると述べていた。

青少年に「仲間と共に学ぶ喜び」「自己の潜在能力を表出する快感」を数多く体験させ，「静かなる心の崩壊」から脱却させる教育なくして，持続可能な社会を創る教育は推進できない。

第二に，共生社会に生きる資質・能力・態度の未発達と，それに対応すべき学校教育の担い手である教師の教育実践力の劣化を指摘したい。

グローバル時代の到来，多文化共生社会の現実化を直視するとき，そうした時代・社会に対応した人間を育成することが持続可能な社会づくりの基盤を形成する。

多文化共生社会の基本は異質・多様との共生にある。国際理解教育を専門とする私は，中近東・中南米・北米に6年間にわたり滞在し，その後もアフリカ・オセアニア，欧州，東南アジアと，世界各地を旅し，さまざまな現地の人々と交流・交渉してきた。こうした体験から，異質・多様な文化や価値観をもつ人々と相互理解することの難しさを実感し，ときには相互理解の不可能性さえ痛感させられてきた。

しかし，持続可能な社会とは，異質な他者との協力・共存によってこそ実現されていく。他者との間にある深い溝に気づきつつ，理解の不可能性を超えて，価値観の相克を包摂する姿勢・態度をもち，対立や異見をむしろ生かし，希望ある未来が共創できる資質・能力，技能を培っていく必要がある。経済的優位性や権力構造による，繊細さを欠く，力の支配による弱者の制御では，不信と分断を生起させ，持続可能な社会は共創できない。

21世紀の学校教育の課題は，共生社会に生きる資質・能力・姿勢を培い，技能を取得させていくことにある。

深刻な問題は，学校現場の状況，特に教師の現状にある。学校教育現場における教師の現状は，次々と打ち出される教育行政施策への対応，マスメディアの教育現場への正当な認識を欠く報道，常識の欠如した理不尽な要求を繰り返す保護者の存在等により，教師たちは，疲れ，自信を喪失している。本来，教師たちに自信と誇りを回帰させるべき，各種の現職研修の機会が，むしろ教師

たちに精神的規制を加え，創造性を奪う傾向さえもある。

　学校教育の主体的な担い手である教師たちの疲労感，多忙感，自信の喪失は，型通りの教育を無難として，冒険せず，定められた内容を子どもたちに伝授していく授業を展開させている。さらに多忙さは，同僚教師同士の会話機会さえ奪い，夜の職員室の光景は，同僚と話もせず，ひたすらコンピューターと向き合う教師群の姿となりつつある。

　柔軟かつ広い視野からの教材研究，多様な教育資源の活用，協同の学びを充実させる学習方法の工夫なくして，多文化共生社会に必要な異質な他者との良好な関係性の構築力，多様な見方，複眼的志向，主体的行動力などの資質・能力・態度をはぐくむことはできない。教師の疲労感，多忙感のもたらす学校教育の硬直化による知識の伝授主体，狭義の規範を強制する教育の連続は，前述した，青少年の内向き志向をむしろ増殖させている。

　折にふれ，児童・生徒・学生たちと語り合うと，彼らの内面には，自己を高めたい，自信をもちたい，信頼できる仲間を得たいとの切ないほどの思いがあることに気づかされ，教育実践にかかわる一人として自責の念にとらわれる。

　持続可能な社会の実現のためには，その担い手である青少年の，共生社会で生きるための資質・能力・姿勢が未発達であることを直視し，その改善のための教育を本気でする必要がある。そのための根本的手立ては教師たちに精神的自由を保証し，実践創造への意欲を高めていくことにある。

2．教育実践の可能性

　現状を直視しつつ，持続可能性の教育を，希望ある未来社会の構築者を育成する教育にしていくその第一歩は，教育実践そのものの可能性を再確認することにある。

　教育は，第二次世界大戦中における滅私奉公教育の強制にみられるように，政治・経済に比して弱く，その思惑に翻弄される。しかし，教育は強いものでもある。教育が未来を創る創造的ないとなみとして実践されていくとき，政治

や経済，社会さえ変革させることができる。こうした教育実践の可能性に思いを馳せたとき，心に浮かぶのは，ブラジル高原の一角にあった在外教育施設，ベロオリゾンテ（美しき地平線）補習授業校での教育実践活動である。この学校での3年間（1979年4月〜82年3月）の勤務経験が，私の教師としての信念を形成した。

この小さな学校には，小1〜中3までの全学年合わせて49名の子どもたちが在籍していた。校舎は民家借用（70平方メートル），校庭（約100平方メートル）は穴だらけ，図書は少なく，机も椅子も足りず転入生があると手作りした。教師は山梨県から派遣された若いH先生と二人。授業は週5日あり，午前・午後の二部制で行われた。私は午前中複式で小1・小2の子どもたちを受け持ち，午後からは小5・小6を同じく複式で受け持ち，中学生の国語科の授業も担当していた。ないないづくしの学校ではあったが，そこには創造と相互扶助と自立の精神が溢れていた。

ベロオリゾンテ補習授業校の教育のスタートは，子どもたちの意識改革であった。赴任後の最初の集会で「自分たちの学校は自分たちでよくしていく」方針を，子どもたちに語った。意識改革の具現化は，全校清掃からはじまった。当時，この学校の清掃はファシネーラ（使用人）の老夫妻が行っていた。70歳をすぎたご夫妻が四つん這いになり床を拭いている横を子どもたちが駆け回る状況を「おかしい」と思った。そして，保護者からの異論もあったが，説得し，子どもたち自身による全校清掃を行った。当日の昼休み，子どもたちは全員で校舎の隅々まで清掃し，校庭の穴を埋めた。この全校清掃が，「厳しい環境をむしろ生かし，自分たちの学校は自分たちでよくしていく」意識をはぐくむ契機となった。合い言葉は，「気づき・考え・実行する」だった。

ベロオリゾンテ補習授業校で行われた「自律的で創意的」な活動を例示する。
- 全校集会：月曜日の午前部，午後部の交代時間を利用し，年齢差を越えた自由討論を行った。ある日，1年生の女の子が「この学校には花がない」と発言した。全校のみんなが同感し，自宅から鉢植えの花を持ち寄った。学校は，赤，黄色，紫などの花々でいっぱいになった。

- 中学生による小学生への学習支援：午後部の中学生たちが計画を立て，午前部にもきて低学年の子どもたちの学習を支援してくれた。相互扶助の精神は中学生同士の得意教科の教え合い，問題集や参考書の共同利用等にも現れていた。
- 合唱と詩作の奨励：ピアノが1台あった。ピアノが得意な女子中学生たちが早めに登校し，ピアノを弾き，周囲に集まった子どもたちが合唱した。合唱曲が増え，手作りの歌集となり，折にふれて唱われた。詩の投稿箱が設置され，子どもたちは，日常的に詩を創り箱に入れた。詩は学年だよりや，全校集会で紹介され，やがて詩を創ることが，視野を広げ，思考を深め，感性を鋭敏にすることにつながっていった（本章末に詩の例：「サンゴタルドの麦畑」）。
- 号令のない修学旅行：小学校5年生〜中学生までが修学旅行（日系移民の開拓地訪問，海岸部の自然探訪）を行った。この修学旅行の特色は，行動を指示する号令がないことにあった。係を分担し，それぞれの係が修学旅行の成果を高める企画をし，全員が自主的，主体的に行動した。

　私の赴任時，この学校の運営は理事会によって行われていた。理事会は，企業，銀行，商社の駐在員の代表によって構成され，予算，人事，学期，授業科目・授業時数までも決めていた。私は，この理事会に出席するたびに，教育の立場からの主張をし，やがて1年後には，教育にかかわる事柄はもとより，人事や予算の一部も学校で決定できるようにしていただいた。その折に，説得力をもったのは，子どもたちが補習校の教育を身体全体で楽しみ，また成長していっている事実であった。
　やがて，現地採用として日本から2名の若い教員を招聘し，4名教師体制となった。若かった（34歳）私は，当時の思いを次のように記している。「私は先生たちとよい職場をつくろうと思った。よい職場とは自由な雰囲気をもち，楽しいものでなければならない。と同時に，より高い実践を目指す創造性のある職場でなければならないと考えている」（拙著『光の中の子どもたち—ベロオリゾンテ補習授業校から—』毎日新聞社，1983年）。「自分たちで，自分たちの学校をよく

する」との方針は，いつの間にか，保護者の方々にも浸透し，学校行事への支援，美術の授業の実施などが行われるようになってきた。

　持続可能性の教育は，21世紀に生きる市民としての資質・能力・態度，技能の育成をめざしている。そうした資質・能力・態度，技能をはぐくむためには，教育実践の基底に，子どもたちの潜在能力への確たる信頼をもたねばならない。子どもたちは，期待される，認められている自分を自覚したとき，その潜在能力を伸長していくのである。ベロオリゾンテ補習授業校の子どもたちは，周囲の期待と，活躍の場を得ることにより，一人また一人と，さまざまな才能を開花させ，自信をもち行動するようになった。このことは紛れもない事実である。

　子どもたちの成長は，やがて全世界からの応募がある海外子女文藝作品コンクールの詩の部門の7編の特選のうち，3編を小さな学校の5年生が受賞する成果となり結実した。

　子どもたちは，どの子も豊かな潜在能力をもっている。現状を直視し，目標を明確にし，見通しをもちつつ，日々の地道な実践をなすとき，個々の子どもたちも学校全体も高まる。教育実践には，一人ひとりの子どもたちを成長させ，そこに集う人々を変革させる可能性がある。ベロオリゾンテ補習授業での日々は，私にこの信念をもたせた。

3．教育実践の基盤形成

　現状を直視しつつ，持続可能性の教育を効果的に実践するために日常的にはぐくんでおかねばならない事柄について列挙しておく。

(1) 全人的見方をはぐくむ

　持続可能な社会の構築には，対人関係における全人的な捉え方が必須である。科学が自然哲学から分離し，制度として確立した19世紀以降，科学の進歩は人類に未曾有の物質的豊かさをもたらした。しかし20世紀後半以降，通信・交通，情報機器の飛躍的進歩を駆使した過剰な経済的優位性の追求は，所有の文化を

蔓延させ，必要以上の強欲をはびこらせ，市場や資源の奪い合いを勃発させた。

　物質的豊かさを追求する競争・効率偏重の思想は，人間の良心を麻痺させ，他者を同胞としてではなく，利用価値で判断したり，出し抜く相手とみたりする傾向を現出させている。科学技術文明は，いまやその本質を問われているのである。

　人間は理性・感性・霊性など，さまざまな要素により人として生きている。科学文明の盲信は理性偏重の考え方を蔓延させた。理性偏重の思想は，理詰めの見方・考え方にこだわるあまり，対人関係における人間疎外（alienation）を生起させる。論理的見解の偏重は偏狭な見方・考え方を誘発することに敏感でなければならない。

　「持続可能性の教育」の基盤に科学知から総合知への転換が必要であることを指摘したい。いま求められているのは，科学知偏重から，全人的見方への転換なのである。全人的とは感性と理性の総和である。感性と響き合う理性といってもよい。全人的見方とは，人間をホリスティック（holistic）な存在として把握することである。人間を感性と理性が響き合うホリスティックな存在と捉え，部分でなく総体としての他者理解をすることである。換言すれば，人にはさまざまな個性・潜在能力・よさがあることを認識し，それを尊重する見方ができることである。

　こうした他者の見方を青少年が身につけることが，他者と共創し，持続可能な社会づくりへの確かな歩みにつながる。それは，鋭敏な感性や豊かな情緒をもつ人々のよさに気づく機会となり，またそうした人々に自己への自信をもたせることにもなる。たとえば，授業における，個々の子どもたちの多様な体験や，斬新な見方，変に思える意見や感覚を大切にし，全体の論議に活用することは，全人的見方の例である。

　人は，さまざまな潜在能力をもっている。それらを表出させ，多様なズレを重視し，多様なものを巻き込み，ぶつけ合い，共創をめざした対話をすることにより，混乱・混沌・対立をむしろ発展・深化の要因として，「複雑さ・多様さのもたらす知の力」に高めていくことができる。それが，持続可能な社会づ

くりの基盤形成となる。2014年秋のESDに関する世界大会の「あいち・なごや宣言」において Respect Youth as Key Stakeholders（カギとなるステークホルダーとして青少年を尊重する）が提唱されたが，その根底には全人的な見方がなければならない。

(2) 深さの追求

　現代の社会における深刻な問題は，「浅さ」にあるのではなかろうか。皮相的な人間関係，気楽さをよしとする軽薄な会話，自分をごまかし表面上体裁を繕ったりする悲しむべき傾向，本質をみてとろうとしない浅薄な見方が青少年の世界に蔓延しているように思えてならない。

　持続可能な社会を，多様な他者と共創していくためには，深い思考力，深い響感力，深い対話力などの「深さ」が必要ではなかろうか。

　深い思考力を次に収斂させてみた。

- さまざまな見方や考え方，感じ方や体験を「むすびつけ」「組み合わせ」新たなものを生み出す。
- 従前の価値観や見方に固執せず，事物・事象を「新たな視点や発想」から捉え直す。
- 一つの結論にとどまらず，より深い知的世界を「追求」していく。
- さまざまな情報，複数の考えから最良と判断できる考えを「選択」する。
- ものごとの本質を見抜く「直感力・洞察力」をもつ。
- 見解・言説などの不十分・不明確な部分を「補充・強化」し，理由や根拠を加え，より確かで，説得力あるものにする。

　こうした深い思考力は，ものごとを，多角的・多面的・多層的に見たり考えたりすること，自分とは異なる発想，感覚などを拒否せず，むしろそのよさに興味をもち，それを生かそうとすることにより培われる。

　その際に有用なのは，「不確実さ，曖昧さ」の重視である。近代の合理主義は，効率を重視し，次々と業務をこなすときのすごし方などを近代化とした。しかし，そうした効率的な活動や時間使用の呪縛から脱却し，不確実・曖昧

さ・無駄・稚拙さ・ゆっくり・混沌・揺れなどをも包含することによってこそ，深い思考力ははぐくまれていく。

　他者の心情に「深く響感」できることによって，奥底にある真の意図や願いに気づいていける。理解の前提としての「深く感じること」が重要である。新しいものや未知なものに出会ったとき，戸惑い・驚き・疑問・反発などさまざまな感情がおこる。そうした感情が呼びさまされると，次にはその対象となるものをよく知りたくなる。一方，「感じる」を欠いた「知ったつもり」には誤解や偏見，蔑視を派生させる危惧がある。相手の立場や心情に響き合い，深く感じ取ろうとする姿勢が深い人間理解をもたらす。

　青少年のニヒリズム・シニシズム的傾向は，悲しむべき事実である。その要因を考察すると，核家族化・地域の教育力の劣化による多様な人々とかかわる機会の減少，貧困を主要因とする家族崩壊や親の子育ての放棄，仲間からの心理的圧迫など，一人ひとりの子どもの背景に多様な事情が秘されていることがみえてくる。このようなことが，本来は外に開きたい子どもの心を萎縮させ，閉じこもらせていると言える。こうした状況があるからこそ，異文化をもつ人々との交流ばかりでなく，日本の教師と子ども，子ども同士のかかわりにおいても，相手の立場を推察し，「深く感じる心」をはぐくんでおくことが大切なのである。

　「感じる心」の大切さに思いを馳せるとき，想起するのは，山田洋次監督の「学校シリーズ」である。折々に視聴した全作品に通底するテーマは「感じる心の大切さ」ではないかと思えてならない。殊に「学校 Ⅳ」の15歳の少年の屋久島までの旅のストーリーには随所にそれが表現されている。この作品では旅の折節での，少年と引きこもりの若者，一人暮らしの老人など，さまざまな人々との出会いが描かれている。そのふれあいの場面から伝わってくるのは「感じる心こそ人間にとってもっとも大切なのだ」との主張であった。そうした場面を観るたびに何回もうなずき，「そうだそうだ」と思った。楽しい・嬉しい・辛い・厳しい・寂しいなどの相手の思いや心情を「感じ取れる心」が人間としての品位を形成すると私は考えている。

(3) 共創型の深い対話力の育成

　多様な他者とともに，持続可能な社会を共創するためには，皮相的・形式的な「浅い対話」ではなく，異見や対立をむしろ生かし，論議を深め，相互理解を促進し，より高次な叡智を生起させていく「深い対話力」が必要となる。

　私は対話を，指示伝達型，真理探究型，対応型，共創型の四つに分類している。指示伝達型とは，上司から部下への上意下達のように，上下関係の対話であり，指示内容の正確さが重要となる。真理探究型とは，「生きるとは何か」といった真理を希求する対話の方法である。対応型とは商取引や国際交渉に典型的にみられるように，自利益追求を基調に妥協点を見出すための対話のあり方である。それでは共創型対話とはどのようなものであろう。

　共創型対話とは文字通り，参加者が協力して，よりよい結果を希求していき，その過程で創造的な関係が構築できる対話である。対話は，会話における，自由奔放な発言とは異なり，目的をもった話し合いである。わかり合えないかも知れない者同士が，互いに意見や感想を何とか伝え合おうとする相互行為である。こうした相互行為の継続により，一人では到達し得なかった高みにいたることに対話の目的がある。この多様な人々が叡智を出し合い，ともに新たな知的世界にいたることを重視したのが共創型対話である。

　共創型対話の理念をさらに追求したのが「深い対話」である。深い対話は，自己との対話と他者との対話の往還によってもたらされる。「自己との対話」は，問いをもつことから生起する。自分に問いかけ，自分なりに考えついた境地にいたるが，やがてそこをスタートに新たな問いがおこり，思考を深めていく。

　思考をさらに広げるためには「他者との深い対話」が必要となる。その際，他者との交流を通して感得される「ずれ」こそが，深い対話をもたらす。自分とは異なる感覚・意見に出合うことにより，疑問や批判，反発がおこるが，実はそうした「ずれ」の活用が，新たな地平を切り拓いていく。他者との対話には，伝わらない苛立ち，ときには絶望さえおこり，自己への懐疑も生じる。しかし課題の探求に向かう共通認識さえあれば，意見や感覚の違いは，高みに向

かう意欲を生起させる。

　深い対話は「ずれ」との出合いによる「揺らぎ」によってもたらされるのである。重視すべきは混乱・混沌である。異なる見解が出されると混乱することがある。しかし，混乱・混沌の時空を経ることによって，やがて当初には想定もできなかった気づき・発見・思考の深化がおこり，そこから創発が生起する。

　深い対話において，最も大事，かつ本質的なのは，「伝達や理解，説得」に先立つ，雰囲気である。人々は権力の支配する威圧的な雰囲気のなかでは萎縮して儀礼的・保身的状況となり本音は語らない。一方，受容的雰囲気のなかでは自由闊達な深い論議がなされ，知的興奮がもたらされる。

　自由度は深い対話の重要な要素である。閉鎖的なパターン化した形式，また狭い範囲に規制された論議は形骸化しやすい。一方，多様性の尊重，異質の容認が活用される開明的な対話では，多様な角度からの論議が展開される。効率重視，時間の厳守は，対話に限界をもたらす危惧がある。論議の進行を見すえて柔軟に時間をかけた対話が「深い対話」をもたらす。前述したごとく，混沌・沈黙に象徴される無為にみえる時間が，創発への胎動の時間であることも承知しておきたい。

　対話体験を継続すれば「深い対話力」がはぐくまれるというのは，幻想である。「深い対話」を共創するためには，聴くスキル・話すスキル，論議を拡大・深化させる対話スキル，視野を広め，思考を深めるスキルを習得する学習の継続が不可欠であることを付記しておく。

(4)　沈黙の偉大な意味

　沈黙は，深い思考力，深く感じ深く洞察する力，深い対話力をもたらす有用な「とき」である。

　沈黙とは，壮大な干渉されない無為の時間であり，自己の感慨や思考に夢中になれる自己との対話の時間である。スイスの思想家マックス・ピカート（Max Picard）は沈黙の意味について，「沈黙は単に人間が語るのを止めることによって成り立つのではない。単なる『言語の断念』以上のものである」「沈

黙はその人間の中心なのである。人間のうごきは，ひとりの人間から直接に他の人間に働きかけるのではなく，ひとりの人間の沈黙から他の人間の沈黙に働きかけるのである」と述べ，また「人間の眼差しそれが包括的なるところの内在的な原動力である」とも記している（佐野利勝訳『沈黙の世界』みすず書房，1993）。

「沈黙」は，本当の自己見解の確認，説得力ある意志の伝達，心身のリフレッシュ，そして創造の基盤など，人間の成長への滋味溢れる大地と言える。たとえ，問題がすっきり解決しなかったとしても，じっと考える時間をもったということは，後で思い出すと意味があったことがわかる。

現代の青少年の悲劇は，常に騒音に追われ，沈黙の時間がもてないことである。また沈黙を恐れて忌避する青少年も多い。人間性の成長における，自己と対話する時間としての「沈黙」の偉大な意味に思いを馳せるとき，青少年に，意図的に「沈黙」の時間の有用性を体感させることは，持続可能な社会を担う人間の基盤づくりにきわめて有用である。沈黙による自己の思考の再組織化が納得できる自己見解を生み出し，それが主体的行動力の源泉にもなっていく。

(5) 「体験」の有効性

持続可能な社会の形成者には，問題を見出す力，計画を立てる力，問題を追及する力，わかりやすく表現する力，振り返る力，実生活に生かす力の育成が望まれている。こうした人間としての総合力の育成のために，体験の有効性を力説しておきたい。

現代の青少年に，決定的に欠けているのは身体ごとリアルに「体験」をすることではなかろうか。体験は社会体験と自然体験に大別できる。また，感動体験，成就体験，協働・共生体験や挫折体験，矛盾体験などがある。こうした心揺さぶられる体験は人間の成長に大きな教育的意義をもつ。

体験の神髄は，「現場性と身体性」にある。私たちは，現場に行くことによって，事実を深く認識できたり，問題の本質に気づかされたりする。人間の行動のエネルギーは，衝動→興味→価値（理念）へと展開する。五感で感得したことが，おもしろさとなり，やがて，知ろう，考えようとする意欲につながっ

ていくのである。

　人間の成長に資するために殊に重視したいのは，失敗・挫折・孤独などの体験である。逆境のときこそが，人間としての成長の時節である。悩み，苦悩し，深く考え，深く感じた体験が他者理解力を高め，他者の思いを受けとめる響感力を培い，自分の人生を自ら判断し，切り拓いていく智恵をはぐくんでいく。

　ゼミの学生たち8名を引率して，東日本大震災の復興ボランティアのために福島県いわき市に行った。2泊3日，中学校の図書室に寝袋で泊まり，家庭科室で自炊する生活であった。災害地を訪れ，現地で人々の実情の説明を受け，終日農家の作業を手伝った。猛暑のなかの作業で汗まみれ，泥まみれになった。しかし脆弱とされる現代の学生たちが，黙々と作業した。午後になると自主的に作業を分担し，協力しはじめた。「こんな清々しい気持ちは久し振りだ」「楽しいです」と語る彼らに体験のもたらす大きな教育的意義を感得した。夜，人生や教育，友情などについて語り合う彼らに「希望」を感じた。

　自己の人生を振り返るとき，私自身，自己成長における体験の有用性を実感する。ケニアの草原でマサイの若者と教育の重要性を語り合ったこと，知的障害者の自立施設「こころみ学園」の川田昇先生の剛直にして優しい人柄にふれたこと，真冬，蒼天にそそりたつエベレスト南壁の壮大さに圧倒された夜のこと，誤解を受けた無念さに拳を握りしめて耐えたとき，自己の非才さに打ちのめされた日々もあった。

　多くの体験のなかでも，折にふれ想起するのは小学校・中学校・高等学校の先生方との対話である。しみじみと教育実践の難しさと喜びを語る先生方に心打たれてきた。また，教師としての自分を成長させてくれたのは，子どもたち，学生たちとの出会いであろう。一人，また一人と心を開き，語りはじめる学生を発見したときの快感は教師としての至上の喜びである。

　体験は，本物の知・鋭敏な感性と出合い，地域や世界とのつながりを実感させる。人生を生きる通過儀礼として，胆力を鍛え，感覚を錬磨し，思考の殻を破り，信念を形成する契機となるなど，人間としての総合力を高める機会となる。そうした意味で，体験の有効性を活用することは，持続可能な社会の担い

手を形成する教育活動となる。

4．発想の転換と認識の深化

　教師の発想の転換，認識の深化が必要であることについても指摘しておきたい。持続可能な社会のための教育は，未来志向性・関係性・多様性を重視する。このことは，教育のあり方や学習方法の基本的変革を迫っている。その意味を考察してみる。

(1) 発想の転換

　600万年前とされる人類誕生以来，言語の発見，農業の発明による食料生産革命，文明の誕生，思想・哲学を手に入れた精神革命，産業革命と，人類は，時の流れとともに発展してきた。20世紀にいたり，科学技術の進歩は人類に未曾有の物質的繁栄をもたらした。一方，強欲な所有の文化の蔓延と節操を欠く開発は周知のように地球社会・生命系に破滅の危機さえもたらしている。「地球社会は崩壊のシナリオを進むのか，持続可能な社会を構築するのかの分岐点にさしかかっている」（アーヴィン・ラズロ　国立教育政策研究所主催，教育改革国際シンポジウム基調講演，2006年）。教育は，未来をつくる創造的ないとなみである。その教育は，新たな転機期にさしかかっているように思えてならない。新たな方向は，多様性との出合いやかかわりを重視し，持続可能性を基調におく教育の創造にあると考える。

　多様性に思いを馳せるとき，啓示を受けるのは，自然界における多様性である。これまでさまざまな辺境の地を旅してきた。南米パンタナルの湿原，アフリカの草原，アラスカの奥地，エベレスト街道，ニュージーランド南島のマウントクックの山麓もさまよってきた。

　2012年秋には，ボルネオ島のキナバル山（標高4092.5m）に登頂した。この巨大な山には熱帯雨林から高山帯まで，特異な動植物が数多く生息しており，まさに生物は，多様であることを実感させられた。こうした偉大な自然のなか

に身をおくとき，気づかされるのは，生きとし生けるものがつながっている事実である。多様な生物たちは，相互関係のなかで生きているのである。

　地球社会・地球生命系に持続可能性をもたらす教育とは，地球生命系が維持してきた相互作用関係のあり方に学ぶ教育，すなわち，多様性とのかかわりを重視する学びを推進することと考える。

　科学文明重視の時代には，教育においても，比較・効率が重視され，知識の伝授偏重の学習が展開されてきた。しかし，持続可能性をめざす教育においては，発想を転換し，自然界の生物相互のかかわりに学びつつ，「知識を蓄積するだけでなく，多様な人やモノとの良好な相互関係を構築するために活用する」「事象をさまざまなかかわりの視点から理解する」「多様性との出合いによる，対立や異見をむしろ生かしつつ，新たな智恵を共創していく」「課題への当事者意識をもち，その解決に主体的に取り組む」学習を創造していかねばならない。

　そうした意味において，学びの実践を「意味と関係の編み直し（再文脈化）」と捉え，対象世界・他者・自己との対話の三位一体を提唱する佐藤学の「学びの共同体」は，こうした地球社会・生命系のあり方にも対応する学習の具現化と位置づけられる（佐藤学「学びの対話的実践へ」佐伯胖・藤田英典・佐藤学編『学びへの誘い』東京大学出版会，1995年）。

(2)　認識の深化

　持続可能性の教育を推進していくためには，その主体的推進者である教師がこの教育にかかわる認識を深めておくことが不可欠である。

　具体的には学習の基本原理にかかわる用語について考察（翻訳・解釈）し，認識を深めることを提言したい。そうでなければ，学習の場において，子どもたちの多様な反応を活用し，組織化し，知的世界を広げ，深めることはできないと考えるからである。

　以下に，殊に重要な用語について若干の考察をしておく。

①自　立

　「自立」とは，しなやかにして強靱な個の確立を指向していく過程と考える。

しなやかさとは，柔軟性であり寛容性である。自立とは，他者から強制されるのではなく，自分なりの思考をもち，判断し，行動し，生きていくことと言える。自分自身が納得できるかどうかを判断する内面的自立，換言すれば個の確立が重要となる。留意したいのは，自立は目標としての到達点ではなく，それを課題として，日々自己を確立していくものだということである。
　確固たる自分などなかなか確立できるものではない。「自立」とは，「新たな自己の発見」，すなわち自らのなかにある可能性と向き合い，自らの価値を再認識していくことでもある。悩んだり，考え込んだりしつつ，絶えざる追究をし，「しなやか」に変化していくものである。その意味で自立とは常に自己変革のプロセスと言える。
　一方，自立とは強靱な個の確立をめざすものである。それは信念の形成といってもよい。自分の生き方，思想をもつこと，揺るぎない自己の信念を希求していくことは自立への道である。
　さらに心得ておくべきは，自立は利己的・自己本位な言動ではないということである。社会に生きる人間としては，個人・集団間の対立や異なる言動を調整・調和していこうとする姿勢をもつことも自立には必要である。

②共　生

　「自立」を基調においた「共生」とは，文字通り多様な他者とともに生きるということである。その多様な他者とは，人間（自己・他者）や社会，そして自然という他者である。世界はグローバル化が進展し，文化・経済・政治，環境など多様な分野で相互に影響し合っている。また，人間は地球生命系の一員であり，大気や水，大地や海，森林等に生息するさまざまな動植物との有機的な関連により生きている。共生とは他者とともに，地球生命系の一員としての森羅万象とのかかわりのなかで生きているのである。
　「共生」とは調和を重んじる概念である。また，未来に向けて当事者意識をもち，積極的に行動して変えていくことも「共生」には必要である。
　他者との共生に焦点を合わせたとき，共生には同質の文化や価値観をもつ人々が共同体を営む「予定調和的な共生」と，文化や価値観・行動様式・思惟

方式等の異なる人々が集う「異質との共生」がある。地球時代・多文化共生社会における「共生」とは,「異質との共生」である。異質との共生では,必ずしも合意や一致を必要としない。合意や一致が共生の最終目的ではない。本質的にわかり合えない部分があっても,ともにあることができる。いや,わかり合えない部分があるからこそ,興味・関心をもち,ひかれ合い,ともにあろうとする共生観が必要なのである。

共生とは,多様な人々と,違いや異なる意見による対立を乗り越え,対話や共同作業を通して,新しい関係をつくり上げることである。その過程では,相互浸透がおこる。二項対立ではなく,自立した個が,アメーバが相互浸透していくように関係し,影響し合っている状態と考えられる。その相互浸透が,新たな個の確立や関係をつくり上げていく。

③「問い」とは

人が知的好奇心を高揚させ,対話を求めるのは,「問い」が生起したときである。その「問い」は自分の捉え方や考え方と現実や他者のそれとの「ずれ」を意識したときに生起する。

「問い」には,「知識や情報を求める問い」と「内省的な問い」があるが,思考の深化にかかわって重視すべきは「内省的な問い」である。

「問う」ことは,一定の答えを手に入れるための自己完結をめざすものではない。「内省的な問い」は連続し,絶えず一つの問いから次のステージを求める問いへと質を高めつつ進んでいく。当初対話に導いた「問い」が,次には対話によって新たな「問い」へと導かれるのである。対話が「問い」を生み出し,「対話」がこの「問い」を解明していく。このように,往還しつつ,しかも螺旋型に上昇していく。

その問いを生起させるのは,「ずれ」の感覚なのである。したがって学習の場では,「ずれ」を重視し,異見を前向きに捉える姿勢を培い,広い視野から思考し,疑問を解消する活動を展開させたい。新たに生起する問い・思考の壁を再び越えていく,「ずれ」の活用による思考の深化の連続を体験させたい。

学びとは常に未完であり,動的にいつでも新たな地平を切り拓いていくもの

であるゆえ，決して終焉することはない。次々と新たな知的世界を追求していく行為であり，そこに学びの愉悦が生起する。その学びの源泉は「問い」なのである。

④批判力

　グローバル時代においては，相手との間に越えがたい溝があり，利害の対立，理解の不可能性を認識しつつも，なんとか妥協点をみつけ，対立を解決していく，さまざま意見を統合し，新たな知恵を生み出す対話方法を習得する必要がある。学習の場においては，「批判や異見」を恐れず，むしろ受容し，活用し，また，納得できる意見ならば，自分の意見を再組織していく順応性・柔軟性をもつことが学習の質を高めていく。こうしたとき，重要なのが，「批判力」である。本書の第2章で木曽功は，次のように記している。

　　「クリティカル・シンキング」は批判的思考と訳されているが，「批判的」（他人の責任を追及したり，非難する）意味合いはほとんどない。むしろ，客観的規準（criteria）に則して，慎重に思考を進めていく方法論と言える。

　つまり，「クリティカル・シンキング」は自省的，探究的，懐疑的，合理的，論理的，知的で柔軟な思考法であり，持続可能性の教育において，「クリティカル・シンキング」は重要となる。

　問題は，日本の社会・子どもたちが，批判と非難を混同しがちなことである。批判とは，論議を深める行為であり，また相手の意見を聴いて批判することは，相手に正対した社会的礼儀でもある。礼にかなった行き届いた批判というのは，相手に対して，深い関心と，知識と，理解をもっている表現でもある，と言える。

　批判をするためには，相手が伝えたいことを的確に把握することが必要である。そこから疑問や，気づきが派生する。批判とは相手を尊重しつつ，相手の伝えたいことを明確にしていく，さらには論議を深めていく行為である。

　自分本位な非難・不満，反発は，集団の空気，秩序を紊乱したり，汚染したりする行為であり，批判とは本質的に異なる。

　日本の子どもたちに，相手を尊重しつつ，批判する，また他者の批判を非難

と受けとめず，好意と受けとめられる心情をもたせ，具体的な対応方法を習得させておきたい。

5．おわりに

　良心的な教育者たちが脈々と受け継いできた，協調・連帯を基調においた教育が比較・競争原理の偏重による「途絶」と「喪失」に向かう不安を禁じ得ない。青少年の現状には悲しむべき実態は確かにある。教師は疲弊している。しかし若者たちは，その根っこで，自己成長したい，広い知的世界を知りたい，真摯に語り合える仲間を得たいと願っている。教師たちもまた質の高い実践の創造者となることを切に希求している。

　いま必要なのは，地球社会・生命系の未来を展望し，多様な分野の人々が，共生・共創による持続可能な社会構築の担い手の育成のために，対話し，連携し，叡智を結集し，「事実として青少年の成長につながる実践」を創造していくことにある。

　ESDを推進する東京の下町にある小学校の実践研究に5年余にわたり参加してきた。「学びに火をつける」を合い言葉に，子どもたちの実態を念頭におきつつ，全学年で研究授業が行われていた。研究授業の企画段階では，同僚教師たちが真摯に，自由闊達に研究授業について語り合い，教材を選択・吟味し，学習プロセスをさまざまに工夫していた。その過程に参加する幸運を得てきたが，それは創造性に溢れた愉悦の漂う時空であった。

　実践された授業の質の高さは無論だが，目を見張るのは先生方の教育実践力の向上である。若い先生がいつのまにか優れた実践者へと成長していった。その実践者としての成長が，研究協議会での活発かつ探究蓄積型の論議を継続し，学校全体に学びを質の高いものにしていった。「事実として子どもたちの成長につながる実践」を創造していくこと，それは教師たちが「誇りと自信」を復権していく道でもあることを確信した。

（多田孝志）

サンゴタルドの麦畑

五年　田和　久美子

麦畑
緑やこがねに光る
見わたす限り麦畑
辺り一面

私をつつむ
青いにおいが
サラサラとゆれ
麦の穂が
とじる
そっと静かに目を
麦畑の中に入り

ドッカリと
根をおろし大地をつかむ
四方に枝をのばし
ぐねぐねとまがりくねった木
畑の外れの一角に
セラードが残っていた。

ぼうぼうとはえていた。
草が一面に
麦の穂が
風がふく
麦畑の中に立っている
今私は
辺り一面
見わたす限り麦畑
その穂がゆれる
どこまでも
どこまでもゆれていく

八年前
この荒れ地を前にして
二世・三世の人々だ
セラードを麦畑にかえたのは

麦の実は
そっとさわってみる
麦の穂の一本に
いったい何を思ったろう

人々は
木をおしたおし
その根を
何日もかかって
ほりおこし
肥料をまき
地質を改良していった
その何年という年月は
どんなにたいへんだったことか

ピリッと固くひきしまり
くきはしなやかで強い
若い美しさを
辺りいっぱいに
はじきだしている

一九八一年度海外子女教育文藝作品コンクール　詩の部門　特選　金井直氏選

第3章　持続可能性の教育，その学習方法の基本原理　55

コラム

感性的アプローチ

　ESDは，多様性，相互性，有限性，公平性，連携性，責任性の6つを構成要素とし，批判的に考える力，未来像を予測して計画を立てる力，多面的総合的に考える力，コミュニケーションを行う力，他者と協力する態度，つながりを尊重する態度，進んで参加する態度の7つの能力態度の育成をねらいとしている。

　これらに加えて感性的アプローチの必要を提唱したい。感性的アプローチでは，人や事象にかかわるとき，直感，感覚などを鋭敏にし，そこから感得できるものを大切にする。また，未知なるものに出会ったときの感激，美しいものを美しいと感じる感覚，人の優しさや寂しさなどを受けとめる感受性（sensitivity）をはぐくんでいく。感じ受けとめることは，知りたい，理解したい気持ちを醸成し，やがてものごとの本質を探究し，洞察する感性（sensibility）を醸成していく。

　17世紀以降の合理主義精神とそれにともなう科学主義の興隆のもとで，科学知偏重の教育がなされてきた。しかし人間の全人的発達を希求するESDにおいては，人間のもつ根源的な感性を鋭敏かつ豊かにする教育が重要であることを指摘したい。ESDの提示する7つの態度目標は，他者とつながり，協働し，希望ある未来の構築に向けて主体的に行動する人間像をめざしたものと解することができるが，感性的アプローチなくして，そうした人間の育成は具現化できないと考える。

　また，その要因が複雑に絡み合う地球的課題の解決に立ち向かうためには，「智」（sapientia）の創造が必要である。それは，理性のみならず感性や体験（実践知）等が統合されたときにこそもたらされるのではなかろうか。

　異文化をもち合う人と人とが，相互理解を深め，信頼感・親和感を醸成していくことは，容易ではない。人と人との「間」には，多様かつ複雑な関係性がある。しかもそれは固定しているものではなく，流動していっている。

こうした多様で複雑，変化していく関係性の現実のなかで，少しでも相互理解を深め，信頼感・親和感を醸成するためには，言葉，声音，雰囲気，沈黙，身体表現などの相手の言動，所作の意味することを感受し，そこから本音や本質を見通し，自らと他者とをつないでいける間文化間能力（inter-cultural competence）としての感性が必要なのである。

　事象を皮相的に見るのでなく，五感をフルに動員してその本質を洞察する。他者の立場や心情に響感し，奥底にある真の意図や願いに気づいていける，そうしたことができるのが人間としての品位の高さなのである。こうした資質・能力を高めるために感性的アプローチを推進したい。

　具体的には，動植物にふれ，海辺や森で風を感じ，耳をすまし五感を鋭敏にする，日本の伝統文化，生け花の左右のバランスを変える美意識，茶道における静謐な時間のすごし方，落語における「間」の取り方に気づかせる。文学作品を読み，言葉のもつ豊穣な語意を読み取る。「生きる意味」「豊かさとは」といった真理を探究していく哲学的対話の機会をもつ，孤独になり自分を見つめ直す時間をもつ，他者の心情を想像・イメージし，響感する機会をもつ，さまざまな対立の本質を洞察し解決への方途を探究する等の活動を意図的に体験させたい。

　感性的アプローチにより培われた鋭敏・やわらかな感性が，一人ひとりの「潜在能力・伸びる素質」を存分に伸張させ，偏見のない見方をはぐくみ，自己の外にあるものと前向きにかかわっていこうとする心情を醸成していくのである。

（多田孝志）

第 4 章

「持続可能性の教育」の学習方法

1．「持続可能性の教育」のあるべき姿

(1) 持続可能性を原理とする教育の重要性

　本書の書名に採用した「持続可能性の教育」は，今日の世界において，持続可能性を原理とする教育が不可欠であるという認識に基づいている。同じ認識に基づくものに，国際的な議論のなかで形づくられてきた「持続可能な発展（開発）のための教育＝ESD（Education for Sustainable Development）」がある。しかし，development を「開発」と訳すか「発展」と訳すかという問題があるため，日本の学校教育の場に定着させようとした場合には，ESD よりも「持続可能な社会のための教育」や本書の書名に採用した「持続可能性の教育」のほうが，混乱が少ないと思われる。現行の学習指導要領では，中学校社会科，理科，高等学校地理歴史科，公民科，保健体育，家庭科のいずれにおいても「持続可能な社会」という表記が採用されており，「持続可能な発展」や「持続可能な開発」という記述はない。第1章で佐藤学が提唱している「持続可能性の教育」のほうが簡明で，今後この名称に収斂していくかもしれない。

　ただし，2002年の国連総会において2005年から2014年を国連「持続可能な発

展(開発)のための教育の10年」(DESD)とすることが採決され,各国でESDの普及を図る活動が行われ,持続可能性を原理とする教育についての国際的な議論や研究,教育実践においては,ESDという用語が広く使われている。したがって,以下ではESDに関する議論も取り入れながら,持続可能性を原理とする教育を日本の学校教育に定着させるうえで重要と思われる,「持続可能性の教育」の学習方法を中心に述べる。

Sustainable Development という概念の出発点には,人類が使うことができる資源には限界があるという認識があった。たとえば森林や魚といった生物資源は,再生産される以上のものを採取して消費すると,資源が枯渇してしまい持続可能な利用はできなくなってしまう。そうなるとそれらの資源に依存している人々の暮らしも成り立たなくなってしまう,という考え方が Sustainable Development の中核にあった。

しかし,1992年の「国連環境開発会議(通称リオ・サミット,UNCED)」で合意された「アジェンダ21」以降,社会の持続可能性を実現するには,資源や環境の保護だけでなく,自分たちの社会をよりよいものにしていこうという人々の意識や態度の変革がより重要である,という認識が広がっていった。そして,2002年のヨハネスブルグ宣言では,「環境保全」のほかに「経済的発展」「社会的発展」という三つの柱によって世界の持続可能性が支えられる必要があることが明確に示された。略奪以外に日々の糧を得ることができないといった経済的な破綻や,統治機構や自治機構が壊滅して無政府状態同然という社会的な破綻を想像すれば,「経済的発展」や「社会的発展」が地域や国家の持続可能性にとってきわめて重要であることは,容易に理解できるであろう。

また,環境,経済,社会とともに文化もまた,世界の持続可能性を支える重要な基盤であるという考えも出されている[1]。宗教的な対立,言語的な対立,あるいは風俗・習慣の違いなどによって,今もなお世界各地で紛争が続き,多くの人々が命を失っている事実からも,また,自らの文化に対する尊厳を傷つけられた人々が抱く屈辱感がさまざまな抗争の根底に存在していることからも,文化的な多様性を尊重することの重要性は明らかである。

したがって,「経済的発展」「社会的発展」「環境保全」「文化的多様性」に支えられる社会の持続可能性を, 教育という手段で実現しようとする「持続可能性の教育」は, 地球上のすべての地域や国家において, 教育の中核に位置づけられるべきものである。

(2) 「持続可能性の教育」に求められる複線的な学習方法

　それでは, 持続可能な社会を構築するにはどのような教育がなされるべきであろうか。どのような内容をどのような学習方法で行うことが適切であろうか。

　まず, 最初に確認しておくべきことは,「持続可能性の教育」の最終ゴールは「持続可能な社会の実現」であるということである。そこでは持続可能な社会を構築するための知識や技能の獲得も, 持続可能な社会を構築していこうとする意識改革や人々の合意形成もきわめて重要であるが, いずれもその最終ゴールに到達するための手段やプロセスである。

　「持続可能な社会の実現」にいたる過程を単純化して表現すると以下のような図式を描くことができる。

　①社会の持続可能性が脅かされている事実の認識とその克服への決意
　　　⇩ ← a　多くの人々への 認識の伝達と集団としての決意の確立
　②持続可能な社会を実現する条件やその実現にいたる道筋の確認・発見
　　　⇩ ← b　実現条件や実現過程に対する合意形成
　③持続可能な社会を実現するための知識や技能の獲得
　　　⇩ ← c　多くの人々への知識や技能の普及・伝達, 意識啓発
　④持続可能な社会を実現するための総合的な計画策定
　　　⇩ ← d　計画実施に向けた協力体制の確立, 利害関係者との協議
　⑤持続可能な社会の実現のための具体的な行動とその評価
　　　⇩ ← e　実施状況についての広報と, 協力体制の継続的確保
　⑥持続可能な社会の永続性維持のための新たなシステムの開発と構築

これらの一連のプロセスのなかで，初等中等教育段階では，おおむね①から③の段階に求められる認識や意欲，知識や技能を身につけることが求められるであろう。しかし同時に，①から⑥にいたるプロセスで完結するプロジェクトの模擬体験や，ａからｅに相当する他者を巻き込んでの協同的な活動の体験を並行して進めることも重要である。そのようなプロジェクトの模擬体験こそが意識改革を促し，確かな認識や意欲，知識や技能をはぐくむからである。

(3) 「持続可能性の教育」の場

　「持続可能性の教育」はどのような場で行われるべきであろうか。

　藤原孝章は，ESD が実施される場について，下図のような明快な見取り図を示している[2]。「持続可能性の教育」もまさにこの図の四つのすべての象限で行われるべきものである。

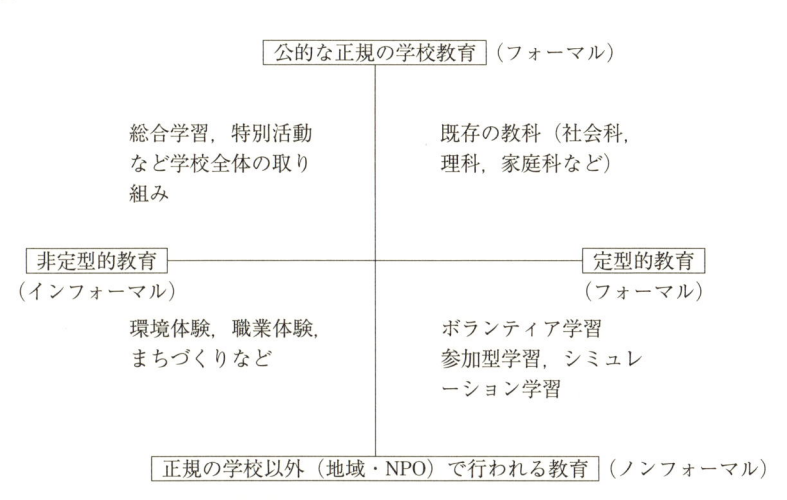

```
                  ┌公的な正規の学校教育┐（フォーマル）
                              │
   総合学習，特別活動         │   既存の教科（社会科，
   など学校全体の取り         │   理科，家庭科など）
   組み                       │
                              │
┌非定型的教育├────────────────┼────────────┤定型的教育┐
（インフォーマル）            │   （フォーマル）
                              │
   環境体験，職業体験，       │   ボランティア学習
   まちづくりなど             │   参加型学習，シミュレ
                              │   ーション学習
                              │
            ┌正規の学校以外（地域・NPO）で行われる教育┐（ノンフォーマル）
```

図1　ESD（持続可能な開発のための教育）の場（原図：藤原孝章）

　しかし，持続可能な社会の実現には，すべての人々が参加・参画することが望ましいので，とりわけ，図の上半分の「公的な正規の学校教育」においてしっかりと取り組まれる必要がある。地域やNPO，あるいは企業におけるCSRによる活動は，近年目覚ましいばかりの活性化を示しているが，それでもそこ

で学ぶ人数と時間数を掛け合わせた総量は,「公的な正規の学校教育」が圧倒的に多く,その部分の充実なしには,持続可能な社会の実現につながるものとはなりにくい。藤原はESDのような構造をもつ学習課題を扱う場として,「『総合的な学習の時間』のような非定型的な学習,あるいは地域での体験学習にみるような非正規の学習が適切である」と述べているが,まさにそのとおりである。

「持続可能な社会の実現」という目標に向かうには,「公的な正規の学校教育」のなかに占める非定型的教育の割合を増やしていくことと,学校以外で行われている非正規な学習を正規の学校教育が取り込んでいくことが有効である。

(4) 学校教育における非定型的教育の拡大の重要性

では,どのようにすれば学校教育における非定型的教育の割合を増やすことが可能であろうか。2008年の学習指導要領改訂では「総合的な学習の時間」の時間数が約3分の2に削減され,次回の指導要領改訂でも小学校では英語活動の時間数増加のあおりを受けてさらに削減されるのではないかとの危機感が広がっている。このような時期に非定型的教育を拡大させることは無理ではないかと,つい悲観的になりがちである。

しかし,「総合的な学習の時間」の趣旨の沿った活動にしっかりと取り組んでいる学校は,そうでない学校に比べて全国学力テストでの成績がよいことを国立教育政策研究所が明らかにしており[3],後述するような「21世紀社会が求める学力」は,むしろ非定型的教育を行うことで,結果的に身についていくという認識が確実に広がっている。

次期学習指導要領にのあり方について2014年11月に文部科学大臣から中央教育審議会に対して諮問がなされたが,そこには「持続可能な開発のための教育(ESD)」への言及があるだけでなく,課題の発見と解決に向けて主体的・協働的に学ぶ学習を意味する「アクティブ・ラーニング」という用語が4回も登場している。アクティブ・ラーニングを充実させるには,学校教育における非定型的教育の充実は不可避であり,今後の中央教育審議会における次期学習指導

要領を視野に入れた審議において，非定型的教育の拡大が具体化されることを期待したい。

　仮に学習指導要領の改訂による非定型的教育の拡大がそれほど進展しなくても，落胆する必要はない。経済や政治に端を発した分権化と規制緩和の流れは教育の世界にも着実に及んでいる。今後，カリキュラムの決定において地方や学校の権限が増えていけば，新しい時代が求める学力に結びつく学習形態が選択されていくことになる。総合学習や特別活動のなかに「21世紀の求める学力」に確実に結びつく要素をしっかりと取り入れていくことで非定型的教育を拡大させることは可能である。どのようなものが「21世紀社会が求める学力」であるか，その学力と非定型的教育との関係については本章の３．で述べる。

(5)　「持続可能性の教育」の前提となる諸体験に基づく感性

　本章１－(2)で「持続可能性の教育」の進め方として，発達段階に応じた認識や意欲，知識や技能を身につけさせる学習方法と，プロジェクトや協同的な活動を体験させる学習方法を並行して複線的に行うべきであることを述べた。しかし，持続可能性にかかわる教育に携わった多くの関係者は，「持続可能性の教育」の前提ないし土台として，幼少時からのさまざまな体験を通してはぐくまれる感性・感受性が不可欠であると考えている。

　たとえば，2007年に国立教育政策研究所から発行された『環境教育指導資料小学校編』(p.15)では，小学校における環境教育のねらいとして，環境に対する豊かな感受性の育成，環境に関する見方や考え方の育成，環境に働きかける実践力の育成，の三つが示されている。このことに関連して樋口利彦は，日本環境教育学会編の『環境教育』(教育出版，2012)の14章「学校における環境教育の計画・プログラムづくりに向けた視点」において，「アメリカの環境教育の専門家も（中略）環境教育の三つの段階を示し，（中略）各段階の要素として，環境に関する感性（エントリーレベル），環境問題についての知識（二番目としてオーナーシップ），環境保全に向けた行動についての知識やスキル（三番目のエンパワーメント）などをあげている」と述べている。樋口の言うアメリ

カの環境教育の専門家とは南イリノイ大学のH.E.ハンガーフォードらのことで，降旗信一は同書の7章「環境教育の進め方とその理論的背景」のなかで，ハンガーフォードらの研究によって明らかにされた「環境的な市民としての行動につながる主要因と副要因」のフローチャートを紹介しており，そこでも入門段階の主要因として「環境への感性」があげられている。そして，同書の序章「なぜ環境教育を学ぶのか」では，阿部治が幼児期と学齢期の初期には直接体験による感性学習に多くの比重をかけるべきであることを述べている。

つまり，初等中等教育段階の学校教育で行う複線的な環境教育の前提として，「幼少時からのさまざまな直接体験を通した感性・感受性の育成」がフローチャートの冒頭におかれる必要がある。

(6) 「持続可能性の教育」の理想像実現に向けて

現行の教育課程は，これまでに述べたような「持続可能性の教育」のあるべき姿を追究できるようになっているのであろうか。

「幼少時からのさまざまな直接体験を通した感性・感受性の育成」については，幼稚園教育要領や小学校学習指導要領の生活科に関する記述を見る限りでは，さまざまな直接体験が重視されており，そのための時間もかなり確保されている。しかし，ゲーム機器等によるバーチャルな世界が子どもたちの周囲に溢れる今日の社会で，本当の意味での感性・感受性の育成を図るには，さらなる工夫が必要である。

さいわい，1996年に76校と報告されていた自然学校が，2010年の調査では稼働中のものが3,696校と報告されており，それらの自然学校が，子どもたちの自然体験を促す大きな役割も果たしはじめている。また，武蔵野市のようにセカンドスクールと称して小学5年生に地方の民宿での6泊ないし7泊の体験活動を実施させているような例もある。しかし，日本中のすべての子どもたちがそのような体験の機会を得るには，さらに別の制度設計が求められる。

それでは，60ページに示したプロセスの「持続可能性の教育」を現行の教育課程で行うことは可能であろうか。文部省（当時）は1991年，92年に刊行し

た『環境教育指導資料』で，環境教育を教科化するのではなく，道徳や特別活動を含むすべての教科等で環境にかかわる内容を取り上げるようにするという方針を示し，その方針は今も変わっていない。ここでの「環境教育」を「持続可能性の教育」に置き換えたとして，関連する学習内容を既存の教科等に分散させて指導するやり方では，「持続可能性の教育」のあるべき姿を追求することが不可能であることは言うまでもない。

　「持続可能性の教育」のあるべき姿を実現するには，教育課程を大改訂して，「持続可能性の教育」のカリキュラムを学習指導要領にきっちりと位置づけるという高いハードルを越えなければならない。現在の日本の教育システムのもとでは，新たな教科として，たとえば「持続可能な社会」というような教科科目を教育課程に盛り込ませることはきわめて難しく，理想像を描くこと自身が無意味に思われるかもしれない。しかし，前述のように教育の分野においても規制緩和や分権化が大きな流れとなっている。ある地方において，あるいはある私立学校において，理想的な「持続可能性の教育」をめざそうという動きが巻き起こる可能性は確実に存在する。なぜならば，次回の指導要領改訂を視野に入れた文部科学省の諮問に4回も記されている「アクティブ・ラーニング」は「持続可能性の教育」と親和性が高く，また，21世紀が求めている学力をはぐくむという点でも，後述するように「持続可能性の教育」は有効に機能すると見込まれるからである。したがって，「持続可能性の教育」の理想像を現段階で描いておくことは無意味ではない。

　初等中等教育段階における「持続可能性の教育」の理想像を描くとすると，まず，本章1−(2)にある①から③をしっかりと定着させるために，現状では各教科に分散されている環境やESDに関する学習内容を統合するための，持続可能性を原理とする教育のための時間の枠がしっかりと確保されるべきである。そして，その時間の枠のなかで，どのような学習内容を，どのような発達段階で，どのような学習手法で取り組ませるべきかの全体構想が求められる。

　それと同時に，①から⑥にいたる一連のプロセスで完結するプロジェクトや，aからeに相当する協同的な活動を，模擬的に体験することも求められる。そ

れらを実施するとしたら，当面は「総合的な学習の時間」以外にないが，児童生徒が何らかのプロジェクトを模擬体験したり，協同的な活動を行ったりすることで，21世紀社会で求められている本当の「学力」が結果的に身につくという認識が広がれば，「持続可能な社会のための活動」というような時間の枠を，たとえば小学校5年，中学2年，高校2年の段階で確保して，本気で取り組もうという流れが生まれることも期待できる。

以下では，①から⑥にいたるプロセスで完結するプロジェクトや，aからeに相当する協同的な活動，すなわち，次回の指導要領でよりいっそう強調されることになる，課題の発見と解決に向けて主体的・協同的に学ぶ学習である「アクティブ・ラーニング」を中心に述べていく。

2．「持続可能性の教育」に適した学習方法

(1) 過去四半世紀の学校と学習方法の変化

本書の共著者であり，世界の学校教育の動向に詳しい佐藤学は，20世紀末のベルリンの壁崩壊以降の世界の教育制度について，「どの国も分権改革（decentralization）と規制緩和（deregulation）によって，国民国家の保護膜が薄くなって」きていると指摘し，その要因をグローバリゼーションと情報化で説明している[4]。佐藤はまた，同時期に学校内で進行している変化として，①学習単元が〈目標—達成—評価〉で組織される「プログラム型」から〈主題—探究—表現〉で組織される「プロジェクト型」へ移行しつつあること，②教師による一方的な説明がなされる一斉授業から学習者自身によるペア学習やグループ学習を主体とする協同的な学びに移行していることを指摘している[5]。

国民国家のもとで維持されてきた「教え込み型」の教育が機能しなくなりつつあることは，各方面から報告されている。週1時間の環境教育の時間を特別に設け，「環境教育読本」に沿った知識習得中心の授業を行ったが，そういった時間を特に設けなかった学校と知識面でも認識面でも行動面でもほとんど差

異がみられなかったという報告[6]もある。その一方で，たった1時間のワークショップ形式の環境に関する授業の効果が，後々まで残ったという報告[7]もある。

　日本では，1998年度の学習指導要領の改訂によって「総合的な学習の時間」が誕生し，取り上げるべき課題として「国際理解」「情報」「環境」「福祉・健康」が例示された。ほぼ同じ時期に多くの先進諸国でも同様の総合学習が導入されている。「総合的な学習の時間」では，学習方法という点でも問題解決的な学習や探究的な学習を進めること，グループ学習や異年齢集団による学習などの多様な学習形態を学習者が主体となって進めていくことを求めてきた。「総合的な学習の時間」で推奨している学習方法は，上記のような変化のなかでこれからの時代の学習方法として有効であるとみなされるようになっている。本節では，学校内外で有効性が指摘されている学習方法も紹介しつつ，「持続可能な社会のための教育」に適した学習方法を絞り込んでいきたい。

(2)　「問題解決型の学習」

　戦後の6・3・3制の教育制度は1947年に発足したが，同時に「社会科」という教科が新たに誕生して，そこでの学習方法として，それまでの知識伝授型の教育とはまったく異なる「問題解決学習」が導入された。そのときの「問題解決学習」は，デューイ（Dewey, John）に代表されるアメリカの経験主義教育論を理論的な基礎にしたものである。しかし，日本では「問題解決学習」の指導法についての教員研修もほとんど行われぬまま，従来の教え込み型の指導をしてきた教員が「問題解決学習」を指導するというかたちでスタートした。また，学習指導要領（試案）のなかで，各学年で解決すべき問題と，その解決のために教師から児童生徒に提示する学習課題例が詳細に提示されていた。そのため，本当の意味での「学習者中心の学び」はほとんど実現されなかった。そして，体系的な知識を重視する系統学習論者からの批判を受けて，発足当初の社会科に取り入れられた問題解決学習は誕生からわずか数年で学校教育の表舞台から立ち去ることになった。

しかし，グローバル化や情報化の進展に伴っていよいよ主体性や創造性が求められるなか，1998年度改訂の学習指導要領で「総合的な学習の時間」が導入され，そこで「問題解決型の学習」が再び脚光を浴びることになった。戦後期の「問題解決学習」と異なる点として，解決すべき問題が学習指導要領で示されるのではなく，「自ら課題を見付け，自ら学び，自ら考え，主体的に判断」することが求められた点と，約半世紀の間に，多くの研究と実践の蓄積を経て，学習手法などに大きな進展がみられた点をあげることができる。新たな「問題解決型の学習」に対応する英語として主に用いられているのは，problem-based learning である。problem-based learning は，問題解決の経験を通して学ぶという点では戦後に導入された「問題解決学習」と同じである。しかし，problem-based learning では，グループでの「協同的な活動」によって取り組まれることが強調されており，結果よりもプロセスが重視されている。教師の役割も，「教える」ことよりも，学習者グループが問題解決を通して学ぶのを「促す」役割を重視している。すなわち教師には，「ファシリテーター」（後述）として，「学習者中心の学び」が実現できるように支援することが求められている。

(3)　「探究的な学習」

　「総合的な学習の時間」の学習指導要領には，「問題解決的な活動（学習）」と並列的に「探究的な活動（学習）」を取り入れるように，と書かれている。
　文部科学省がホームページで公開している学習指導要領の「仮訳」では，「探究的な活動（学習）」は，inquiry activities (learning) とされているが，英語圏では通常，inquiry-based learning（あるいは enquiry-based learning）と表現される。中国では，2001年の「基礎教育課程改革」の目玉として生まれた「総合実践活動」という新しい学習領域の柱に「研究性学習」を掲げたが，それは inquiry-based learning を中国語に訳したものであった。ただし，この「研究性学習」という訳語の選択は問題があったようで，自らが設定した課題を探究していく学習と捉えず，高度な学術研究を進めるという意味で捉えていた学

生や教師は少なくなかった[8]。

「探究的な活動（学習）」について，2008年改訂の学習指導要領解説では，「第8章 総合的な学習の時間の学習指導 第2節 総合的な学習の時間の学習指導のポイント」のなかで「学習過程を探究的にすること」という節を設け，5ページにわたって解説している。

そこでは，探究的な学習は，
① 【課題の設定】
② 【情報の収集】
③ 【整理・分析】
④ 【まとめ・表現】
という四つの過程がスパイラル状に繰り返されながら高いレベルに進むことを強調しており，図2のような学習の循環過程図を提示している。

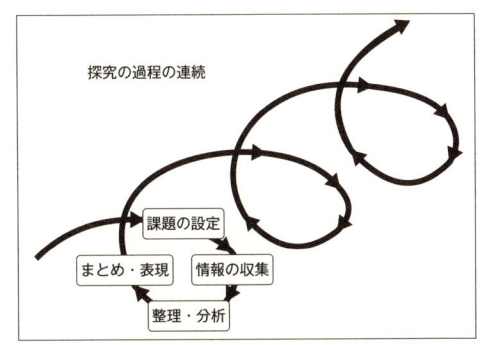

図2 探究的な学習の循環構造
（原図：『小学校学習指導要領解説 総合的な学習の時間編』p.99）

(4) 「プロジェクト学習」

「問題解決型の学習」「探究的な学習」と同様に，学習者が中心となってプロジェクトに取り組む学習法に「プロジェクト学習」がある。英語圏ではproject-based learningと言われている。

「プロジェクト学習」の捉え方には幅があるが，プロジェクトを立ち上げて取り組むものであるため，「探究的な学習」と比較した場合，①現実に存在する重要な課題と取り組む傾向が強い，②より学際的な取り組みとなり，情報機器を用いた情報の収集や分析なども取り入れられがちである，③グループによる協同的な活動が重視される，④3週間以上の長期にわたる活動が多い，というような特徴がある。ブルームフェルトらは上記①を "pursue solutions to nontrivial problems（些細でない問題の解決を追究する）" と表現しており，そのための学習者の主な活動として，「問題点を精査し，情報を集めて解析し，

予測を立て，計画や実験をデザインし，結論を導き，そのアイデアや知見を他者に伝え，新たな問題点を明らかにし，成果を創造する」ことをあげている[9]。

したがって，「プロジェクト学習」は，環境教育や持続可能性の教育に取り入れるにふさわしい教育手法と言える。実際に韓国では2009年に改訂された環境科目「環境と緑色成長」のなかに「環境プロジェクト」を導入している。「環境と緑色成長」の教科書の第1章は「環境プロジェクト」となっており，その記述を要約すると，「環境プロジェクト」とは，環境に関連する多様なテーマのなかから自分たちで調べたいテーマを決め，さまざまな方法を用いて探究し，調べた結果を発表して共有する活動，ということになる。実際に高校で行われている事例をみると，4～6人でグループをつくり，主に自分たちの生活に関連するテーマを設定し，休日や放課後の時間も活用して探究活動を行っている。環境プロジェクトのなかには，生徒だけではなく，先生や父母，地域住民，市民団体，政府機関などを巻き込んで探究活動を進めているものもある（本書第5章の実践事例4を参照）。

韓国の高校生たちの「環境プロジェクト」の発表を実際に聞き，プロジェクトの進行経過が集約されたポートフォリオをみて，的確な指導がなされれば，高校生でも十分に成し遂げられる学習方法であることを確認している。

(5) 学習者中心の学びと教師の役割の変化

「問題解決型の学習」にしても，「探究的な学習」にしても，「プロジェクト学習」にしても，「学習者中心の学び」である点が共通しており，それらが学校教育に取り入れられた場合の主役は，教師ではなく，児童生徒である。

それでは今「学習者中心の学び」がなぜ求められており，なぜそれらが成果をあげはじめているのであろうか。

求められるようになった一つの理由は，受け身の授業に耐えられなくなった児童生徒が増大してきたという学ぶ側の理由。そしてもう一つは，将来の国家の発展に寄与する人材として，主体性や独創性，コミュニケーション能力を備えていることが望ましいという教育政策決定者側の理由であろう。

「学習者中心の学び」が成果をあげるには，さらにいくつかの条件が必要となる。学習者が中心となって何らかの問題を解決したり，課題を探究したりするうえでの第一の必要条件は，学習者自身が必要な情報にアクセスできるということである。この条件はICTすなわち情報通信技術の進展によってほとんどクリアされたといってよい。もう一つの条件は，教師がそれまでの知識伝授者あるいは知識注入者という役割から脱皮して，児童生徒の主体的な学びを促進させるファシリテーターという役割を身につける，ということである。しかし，この条件はまだクリアされているとは言いがたい。

　学習者中心の学びにおける，教師のファシリテーターとしての役割の重要性は欧米では早くから指摘されてきた。中国では，2001年に知識伝授型の教育から学習者中心の学びへの大胆な転換を行った際に，教師の新たな役割として「促進者（＝facilitator）」であることが明記され，そのための研修等が盛んに行われてきた。しかし，日本では「問題解決型の学習」や「探究的な学習」の重要性は認識されながらも，教師の役割の変革を促す動きはほとんどみられず，教師が主役という授業が今日にいたるまで圧倒的多数を占めてきた。近年になって，『学校が元気になるファシリテーター入門講座』とか『よくわかる学級ファシリテーション』という書籍が登場するようになったが，教員のファシリテーション能力向上の研修などは，まだほとんど行われていない。

(6)　ファシリテーター

　ここで少しファシリテーターについて補足しておきたい。

　『環境教育辞典』(教育出版，2013年)の「ファシリテーター」という項目で，中野民夫はファシリテーターを，「人々が集って学んだり話し合ったりするときに，一人ひとりを尊重し，その場を円滑に進行促進する役割の人。会議，ワークショップ，授業，組織の変革，長期のプロジェクトなど，様々な分野・規模で，参加者が主体となる参加型の場をつくり，効果的な対話や学び，共創や協同を促進する役割をもつ」と説明している。「授業」とも書かれているが，最初にファシリテーターという用語が導入され，定着していったのは企業や自然

学校をはじめとする学校外の教育の場であった。学校教育の場で「ファシリテーター」という用語が聞かれるようになったのは，つい最近のことである。

「学習者中心の学び」という言葉は，早くから学校教育の場に定着したが，「ファシリテーター」という用語がなかなか日本の学校教育の世界に広がらなかったこと自身，日本の学校教育と教師の特色と実態が反映されているように思われる。

その原因として，近年一クラスあたりの児童生徒数は徐々に減少しているが，欧米に比べるとクラス規模がまだまだ大きいということが第一にあげられる。日本の教師には，30数人の児童生徒の学びを円滑に促進させるという意識より，コントロールしなければという意識が根強く残っているように思われる。第二には，教師の多忙があげられる。経済協力開発機構（OECD）が2014年6月に公表した調査結果によると，日本の教員の勤務時間は週約54時間と同調査に参加した34か国・地域のなかで最も長く，授業以外の部活指導や事務作業に追われているという。

中野民夫は，同項目で「参加者主体の場をつくる支援者がファシリテーターであり，内容は参加者がつくり，ファシリテーターはプロセスを管理する」と補足的な説明をしているが，日本の教師の多くは，参加者（学習者）を主体とする場をどのようにつくるのか，その場でどのような支援をすることが効果的であるのかといったことを学んで体得するだけの時間的余裕も，研修の機会も与えられてこなかったのではないだろうか。

(7) 他分野のプロから学ぶファシリテーション

集団での活動を円滑・活発にするファシリテーション，そしてその役割を担うファシリテーターは，企業の会議や研修，自然学校でのプログラムなどでは2000年前後から導入され，急速に広がっていったが，学校教育の世界での導入は遅れている。

とかく実社会から隔絶されているとの批判を受けてきた学校教育の世界も，「総合的な学習の時間」が導入されたことで，学校と地域社会を隔てていた障

壁（バリアー）は低くなった。しかし，それ以上の広がりは希薄であった。「総合的な学習の時間」の導入とほぼ同じ時期に，企業ではCSR（企業の社会的責任）の一環として，社会の持続可能性を視野に入れた多様な研修や支援活動が展開されるようになった。また，日本では1980年前後に誕生した自然学校は，前述のように1996年の76校が2010年には約3,700校へと急増した。そして，そこで展開されたさまざまなプログラムは，インタープリターとともに，ファシリテーターが主導してきた。

　日本環境教育学会の場合，発足当初から自然学校や企業，マスコミなど，多様な分野の会員によって構成されていた。それゆえに，企業や自然学校などでの新しい取り組みは，比較的早い段階で学会員には共有されてきた（はずである）。逆に，環境教育の有用性を学校教育へ働きかけるという点で不十分であったかもしれない。それに対して，多くの教科教育関連の学会の場合，その構成員がほとんど学校関係者で占められているため，学校外での大きな変化に気づきにくい体質になりがちである。その結果，「学習者中心の学び」がうたわれながら，「ファシリテーション」や「ファシリテーター」という用語も，そしてそれらの授業への応用も大幅に遅れてしまったのではないだろうか。教員のファシリテーション能力の向上を目的とした教員研修がいまだにほとんど行われていないことが，そのことを如実に物語っている。

　そうであるならば，「ファシリテーション」や「ファシリテーター」については，先達であるほかの分野のプロのファシリテーターから学校教育関係者が学ぶべきである。

(8)　ワークショップ型学習

　「ファシリテーション」や「ファシリテーター」という用語とともに，「ワークショップ」という用語も，企業の会議や研修，自然学校でのプログラムなどでは，ごく普通に使われるようになっているが，学校教育の世界ではまだまだなじみが薄い。英語のworkshopは，本来「工房」とか「作業場」という意味であるが，必ずしも何らかのモノがつくられなくても，人々が集まって何らか

の学びが生み出される場に対して「ワークショップ」という言い方がなされるようになっている。

　再び『環境教育辞典』からの引用となるが，中野民夫はワークショップを「講演や講義などの一方的な知識伝達型ではなく，参加者が自ら参加・体験して共に何かを学んだり創ったりする参加型の学びと創造の場。参加者は，講師や先生の話をただ聞くだけではなく，自ら話し合いや様々な活動に参加したり，言葉はもちろん五感を使った様々な体験をしたり，お互いに刺激し学び合ったりする」と説明している。そしてさらに「通常，『ファシリテーター』と呼ばれる進行役が，全体の進行を担当し，円滑な学びや創造を促す。基本的にワークショップに『先生』はおらず，『参加者』が主体となる場をファシリテーターが支援する」と述べている。つまり，ワークショップとファシリテーターはセットになっていると考えるべきものである。

　学校において先生がファシリテーターの役割を果たす形態は「ワークショップ型学習」と名づけることができる。しかし，前述の「問題解決型の学習」「探究的な学習」「プロジェクト学習」といった「学習者中心の学び」と，「ワークショップ型の授業」では，微妙な違いがある。「問題解決型の学習」「探究的な学習」「プロジェクト学習」においては，かなり明確な到達目標が設定される場合が多いが，「ワークショップ型学習」では，必ずしも明確な目標が設定されるとは限らず，参加者の参加と体験という「協同的な活動」を通した学びに重点が置かれている。「問題解決型の学習」等でも，「協同的な活動」がふんだんに取り入れられるが，「ワークショップ型学習」のほうが協同的な活動のプロセスそのものを重視するというニュアンスがある。

(9)　「持続可能性の教育」に相応しい「協同的プロジェクト学習」

　それでは，「持続可能性の教育」に相応しい学習方法とはどのようなものであろうか。

　「持続可能な社会の構築」という大きな目標があり，それを実現するためにはさまざまな課題の解決が必要である以上，明確な到達目標をもつ「プロジェ

クト学習」的なものが望ましい。それと同時に「持続可能な社会の構築」には，多くの人々の協力が不可欠であるので，「ワークショップ型学習」の特色である協同的な活動も不可欠である。前述のように，「プロジェクト学習」の多くはグループによる協同的な活動によって進められるが，「持続可能な社会のための教育」においては，「多くの人々の協力」を前面にすえた「協同的な活動」を進めること自身もきわめて重要である。したがって，明確な到達目標をもち，協同的な活動によって進める学習方法を，仮に「協同的プロジェクト学習」と名づけるとすると，「持続可能な社会のための教育」に相応しい学習方法とはそのようなものである。

しかし，効果的な「協同的プロジェクト学習」が行われるには，参加者側にはさまざまな体験によってはぐくまれた感性という基礎が必要である。また，指導者側にはファシリテーターとしての役割も求められる。それらを図で示すと以下のようになる。

プロジェクト学習（目標性）
ワークショップ型学習（協同性）
＋
豊富な体験による感性

ファシリテーターとしての指導者

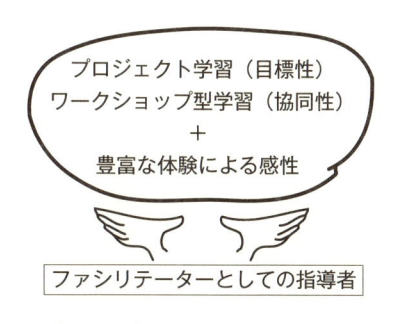

図3　「協同的プロジェクト学習」のイメージ

(10) 「協同的プロジェクト学習」で取り上げる課題

日本における ESD の実践事例をみていると，地域にかかわる事例が非常に多い。世界に先駆けて超少子高齢化社会に突入しつつあり，中山間地域のみならず大都市周辺地域でも過疎化によって地域の共同体としてのさまざまな活動が持続不可能になろうとしている現実をみれば，まずはローカルな課題と取り組もうとするのは当然である。私自身がかかわっている南アルプス北麓の集落

も，居住者の大部分は70歳以上で，20年後の集落の姿を肯定的に思い描くことは困難である。

　ESDの実践事例に地域にかかわるものが多いもう一つの理由として，2002年度から本格導入された「総合的な学習の時間」において取り上げる課題の一つに「地域や学校の特色に応じた課題」が明示され，学習活動を進めるに当たって「地域の人々の協力も得つつ」と記されたことも重要であろう。「総合的な学習の時間」が契機となって，学校と地域の結びつきが強まったことは大いに評価すべきことである。

　「持続可能性の教育」においても，地域にかかわる課題を取り上げることは適切で，本書の第5章で紹介している優れた実践事例にも，地域を対象にしたものが存在する。しかし，「持続可能な社会」を構想する場合，ローカルな視点は重要であるが，同時にグローバルな視点も不可欠である。地球レベルで進行している環境問題や，拡大の一途をたどる格差，世代間の不公正などの問題に正面から取り組むことも期待したい。特に，中学生や高校生段階では，視野を世界に広げさせるような指導者側からの動機づけも，場合によっては必要であろう。

　「協同的プロジェクト学習」においては，取り組む課題も学習者自身が決定するのが本来の姿であるが，「持続可能性の教育」という枠組みのなかでの学習であることを，指導者がまずしっかりと学習者に伝え，「持続可能な社会」に不可欠な要件について学習者に考えさせ，議論をさせ，そのような思考や議論のなかから取り組むべき課題が決定されていくことが望ましい。

3．「21世紀社会が求める学力」と「協同的プロジェクト学習」

(1)　「21世紀社会が求める究極の学力」と「21世紀社会が求める当面の学力」

　本節では「21世紀社会が求める学力」について検討する。「学力」を取り上げる理由は，どんなに理想的な教育方法を構想しても，その時代が求めている

学力に適合し，有効であると評価されなければ，広く受け入れられないからである。学力については，「学習して得る能力」と広く捉える見方から「学校教育で身につける能力」に限定して捉える見方まで，さまざまであるが，ここでは基本的には「学校教育で身につける能力」と捉えている。ただし，学校教育のなかには学校外で行われる教育活動，児童生徒が学校関係者以外の人々によって指導を受けるものまで，幅広く考えている。

　社会の持続可能性が今日の最も重要な課題であるならば，「21世紀社会が求める究極の学力」とは，持続可能な社会を実現するのに求められるあらゆる要素を統合した概念となる。しかし，あまりに雲をつかむような話になるので，それらをある程度要素に分解し，しかも，学齢段階で身につけることが望ましい「21世紀社会が求める当面の学力」を考えるのが妥当であろう。

　21世紀に求められる学力については，1980年代半ばの中曽根康弘政権下に設けられた臨時教育審議会で，「二十一世紀を展望した教育の在り方」を議論した第一部会が「教育の自由化」や「個性教育」を強く主張し，1989年告示の学習指導要領で示された「関心・意欲・態度」を重視する学力観にも影響を及ぼした。その後，1996年の中央教育審議会第1次答申において，学校教育で育成する能力・態度を包括する教育目的に関する概念として「生きる力」が提示された。そして，1998年告示の学習指導要領では「自ら学び，自ら考える力を育成すること」が重視され，「総合的な学習の時間」が導入された。

　しかし，今日の教育界に大きな影響を与えているのは，OECD（経済協力開発機構）が15歳児を対象に2000年から3年ごとに実施しているPISA調査（生徒の国際学習到達度調査）が求めている「PISA型学力」と，その理論的枠組みをなすキー・コンピテンシー（複雑な課題に対する主要な対応能力）であろう。

(2) PISA型学力とキー・コンピテンシー

　PISA調査がはじまった当初は，日本の国際的な順位ばかりが話題になった。2000年，2003年，2006年とじりじりと順位を下げるなかで，日本の児童生徒の「学力低下」は否定しがたいと文部科学省も認めることになり，「ゆとり教育」

から「確かな学力」重視に転換した。2008年改訂の学習指導要領では主要教科の授業時間数と学習内容が増やされ、そのあおりを受けて「総合的な学習の時間」が約3分の2に削減された。しかし、PISA調査に対する理解が深まるにつれて、主要教科の知識や技能といった従来型の学力が求められているのではなく、「知識や経験をもとに、自らの将来の生活に関する課題を積極的に考え、知識や技能を活用する能力[10]」が求められているという認識に変わっていった。

　また、OECDがDeSeCo（能力の定義と選択：Definition and Selection of Key Competencies）というプロジェクトで開発した、「個人の人生の成功」と「うまく機能する社会」の双方を実現するために必要な能力として構想されたキー・コンピテンシーも注目されている。キー・コンピテンシーは、「相互作用的にツールを用いる」「異質なグループにおいて、相互にかかわりあう」「自律的に行動する」という三つのコンピテンシーと、その中核にある「思慮深さ」から構成されており、PISA調査の理論的な枠組みをなしている。このキー・コンピテンシーこそ21世紀社会が求める学力とみなす人も多い。

　21世紀が求める能力として注目されているPISA調査やキー・コンピテンシーについて、荻原彰はPISA調査の「2006年科学リテラシー調査では108問中24問が環境関連の出題であった」と、環境に関連する出題頻度が高いことを指摘しているが、ここでの「環境」という言葉を「社会の持続可能性」と置き換えることも可能であろう。「うまく機能する社会」の実現を目標に掲げるキー・コンピテンシーについても、荻原は「持続可能性を根幹的価値として組み込んでいるという点で環境教育との関連は深い」と指摘している。

　なお、2009年、2012年のPISA調査では、中国の上海がすべての領域でトップとなっており、その要因として、上海では創造性や主体性を重視した学習者中心の授業がいち早く定着していったことが指摘されている。

(3)　国立教育政策研究所の「21世紀型能力」

　国立教育政策研究所は、2012年3月に、『学校における持続可能な発展のための教育（ESD）に関する研究』（最終報告書）を刊行し、そのなかで「ESD

の視点に立った学習指導で重視する能力・態度」の例示として，①批判的に考える力，②未来像を予測して計画を立てる力，③多面的，総合的に考える力，④コミュニケーションを行う力，⑤他者と協力する態度，⑥つながりを尊重する態度，⑦進んで参加する態度，を提示している。しかし，同研究所が2013年3月に刊行した，『教育課程の編成に関する基礎的研究 報告書5 社会の変化に対応する資質や能力を育成する教育課程編成の基本原理』では，学校教育全般を視野に入れたこれからの社会に求められる能力について「21世紀型能力」という名称で提示している。

　「能力」という言い方をしているが，これからの学校教育において児童生徒に何を獲得させる必要があるかという観点から，次の教育課程のあるべき姿を研究して提示しているので，文部科学省直属の研究機関が示した「21世紀型の学力」像と捉えてもよいであろう。

　タイトルにあるように，報告書は「社会の変化」を重視しており，「変化の激しい社会においては，学校で学んだ知識や技能を定型的に適用して解ける問題は少なく，問題に直面した時点で集められる情報や知識を入手し，それを統合して新しい答えを創り出す力が求められている」と述べている。そして，OECDによるPISA調査やキー・コンピテンシー，世界各国で取り組まれている「21世紀を視野に入れた教育」を比較衡量し，今日の日本の学校教育で身に

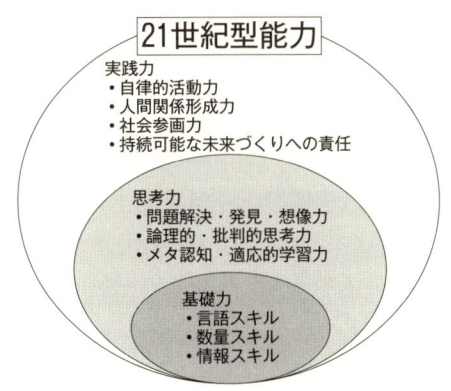

図4　21世紀型能力（原図：国立教育政策研究所報告[11]）

つけさせることが求められている「21世紀型能力」を図4で示している。

図4について，同報告書は次のように説明している[11]。

① 「21世紀型能力」の中核に（中略）「思考力」を位置づける。「思考力」は問題の解決や発見，アイデアの生成に関わる問題解決・発見力・想像力，その過程で発揮され続ける論理的・批判的思考力，自分の問題の解き方や学び方を振り返るメタ認知，そこから次に学ぶべきことを探す適応的学習力から構成される。

② 思考力を支えるのが「基礎力」，すなわち，「言語，数，情報（ICT）を目的に応じて道具として使いこなすスキル」である。

③ もっとも外側に，思考力の使い方を方向づける「実践力」を位置づける。「実践力」（中略）には，自分の行動を調整し，生き方を主体的に選択できるキャリア設計力，他者と効果的なコミュニケーションをとる力，協力して社会づくりに参画する力，倫理や市民的責任を自覚して行動する力などが含まれる。

上記の引用部分については，「基礎力」の捉え方が限定的すぎるのではないかといった気にかかる部分はある。しかし，「実践力が21世紀型能力につながることを示すために，円のもっとも上に位置づけた」とあるように，実践につながる能力を重視していることは明らかである。

国立教育政策研究所報告では，DeSeCoが示した「異質なグループにおいて，相互にかかわりあう」という部分はやや希薄であるが，「思慮深さ」や「思考力」に裏打ちされた「行動力」「実践力」を身につけさせることが，これからの教育に求められていることは確かである。

(4) 「協同的プロジェクト学習」と「21世紀型学力」の親和性と課題

以上本節では，21世紀型学力として，どのようなものが求められているのかを確認してきた。キーワードとして「思慮深さ」「創造性」「相互交流」「問題解決」「自立的行動」「実践力」等があがっているが，これらは前節で「持続可能性の教育」の方法の柱として構想した「協同的プロジェクト学習」とも親和

性の高いものである。20世紀末以降，グローバル化や情報化が進展するなかで，世界中の国々で学習者中心の学び，探究的・プロジェクト的な学び，協同的な学びといったアクティブ・ラーニングが志向されるようになったのは，そのような学びを通して身につけた能力（学力）が，それぞれの国の抱える課題の解決には不可欠であり，国家の発展の基盤になるという認識によるものであろう。

「持続可能性の教育」についても，グローバル化や情報化の進展を背景として，持続可能性を脅かすさまざまな課題を解決していくことが求められているので，教育の方向性とそのための方法という点で，国家レベルでの志向と類似していても不思議ではない。国家レベルでの志向と同じ方向性であることは「持続可能性の教育」にとっては追い風が吹いていると言えるかもしれない。しかし，それらを実現していくには多くの課題がある。ある意味で，教育全体の大転換が求められているので，その実現のために解決せねばならない課題は山ほどあるであろうが，ここではまず二つ取り上げたい。

一つは，「協同的なプロジェクト学習」の成功事例の蓄積であろう。成功事例の蓄積によって，多くの教育関係者の不安は安心に代わり，そして確信になると自らそこに参画していこうという流れが生まれることになる。第5章では韓国のプロジェクト学習の実践事例を紹介しているが，韓国の場合も，成功事例の蓄積がなされることで，プロジェクト学習に取り組んでみようという教員が増え，国家規模の発表大会が誕生するようになっている。もう一つの課題は，やはり指導者の育成であろう。この点については後で取り上げるが，そのためにどのようなシステムを構築して養成していくか，どのような養成方法が有効か，が柱となる。

4．協同的プロジェクト学習の指導方法例と新たな制度設計

(1)　「学習者主導」への第一歩：参加型学習の実践

　教師の性(さが)と言うべきかもしれないが，ついつい教師が主役になって教え込ん

でしまうことが多い。「教え込みすぎ」という課題を克服するには，学習者に何らかの課題を与え，その課題を学習者自身が解決していく間，じっくり待つということに教師が慣れる必要がある。待つことに慣れる第一歩として，参加型学習の既存のアクティビティを授業に取り入れてみてはいかがであろうか。

　たとえば，学生に実体験を通して参加型学習のイメージをつかんでもらうために私自身がしばしば利用しているものに，「その気になればできること」という合意形成のアクティビティがある。「歯磨き中に水道の蛇口を閉じる」「買い物にはマイバッグを持参する」といった地球に負担をかけないために気軽にできそうな8〜10項目を記載したワークシートを提示し，5〜6人のグループでディスカッションさせて重要と思う順にランクづけさせるアクティビティである。最初に各個人がランクづけしたものをグループ内で伝え合ってメンバー全員のランクづけの記入された一覧表を作成し，その一覧表を見ながら各人が上位に置いた理由，下位に置いた理由などを述べ合う。最終的にグループとしての順位づけを決め，その順位に決定した理由を参加者全員に説明する。その一連の過程を通して，それまで知らなかった事実をほかのメンバーから教えられたり，自分とは違った価値観に出会ったりすることで，参加者は環境への意識を高めるとともに，合意形成の難しさを学んでいくというアクティビティである。

　指導者はその間に各グループで活発な意見の交換がなされているかには配慮するが，グループの議論に介入することはしない。アクティビティの終了後に，ほかのメンバーの意見で印象に残っていることや，アクティビティを体験して感じたことなどを「ふりかえりシート」に書いてもらうが，それらを読むと，指導者がほとんど無言ですごしている数十分の間に，参加者同士の教え合い，学び合いが活発に行われたことを確信できるはずである。

　次ページに示したダイヤモンドランキング「2050年に向けた地球の課題」は教員研修の場などでときどき用いている私がつくったアクティビティである。試しに教員同士，あるいは保護者を巻き込んで実施してみると，ほかの人が自分とは異なる観点から今日の社会を見ていることに気づくはずである。また，

参加者(=学習者)同士の意見の交換からいかに多く学べるかを実感してもらえるはずである。

ダイヤモンドランキング「2050年に向けた地球の課題」

「持続可能な社会の構築」が，今，最も重要な課題となっていますが，以下の9つのうち，どの問題に起因する課題が，最も重要な，まず取り組むべき課題でしょうか。2050年を視野に入れて，重要と思うものから順に空欄の上のほうに記入してください。

① 地球温暖化に関わる問題
② 人口増加に関わる問題
③ 資源・エネルギーの争奪に関わる問題
④ 宗教対立・民族対立に関わる問題
⑤ 生物多様性減少など生態系に関わる問題
⑥ 領土問題等，国家間の対立に関わる問題
⑦ エボラ出血熱などの世界的流行病に関わる問題
⑧ 人々が物質的な豊かさを追求し続けることに関わる問題
⑨ 巨大噴火，巨大地震などの自然災害に関わる問題

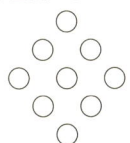

より重要と思ったもの
○
○ ○
○ ○ ○
○ ○
○
あまり重要ではないと思ったもの

＊このアクティビティは4～5人をグループにして実施する。そのため，上記のダイヤモンドを6つ描いた用紙を別途各人配布し，グループのほかのメンバーの記入結果を書き込ませるとともに，6番目のダイヤモンドにはグループの合意結果を記入させる。

---

(2) 多彩な参加型学習のアクティビティ

参加型学習のアクティビティについては，さまざまな組織が多様なものを開発し，有効なものが蓄積されている。その代表的なものは，開発教育協会が刊行している『参加型学習で世界を感じる－開発教育実践ハンドブック』等に紹介されている。

開発教育協会はホームページでも「部屋の四隅」「ブレインストーミング」

「ランキング」「ディベート」「フォトランゲージ」「シミュレーション」「ロールプレイ」「プランニング」「イメージマップ」「タイムライン」といった参加型学習のアクティビティの一端を公開している。

　これらの参加型学習のアクティビティに共通する特徴は、アクティビティを進める過程で参加者が「教え込まれる」のではなく、自ら気づき、気づいた点を参加者同士で共有するという点である。

　具体的なアクティビティというよりは、多くの人々が自由でオープンな雰囲気のなかで意見を交換する比較的新しい手法として「オープン・スペース・テクノロジー」と「ワールドカフェ」が注目されている。「オープン・スペース・テクノロジー」は、「大勢の人が集う場で、アジェンダ（検討課題）はあえて事前に設定せず、集まった人のなかで『情熱と責任』をもって話したいことがある人たちがテーマを提案し、時間と場所を調整し、他の参加者は自分の意志で分科会を選んで参加する」（中野民夫）[12]もの。一方「ワールドカフェ」は「カフェのように開放的な雰囲気で、（中略）4〜5人単位の小グループで対話を行い、一定時間（たとえば12分とか20分）が経過したらメンバーの組み合わせを変えていくという手法」（村上紗央里）[13]である。

　これらのアクティビティや意見交換の手法のなかには、「協同的なプロジェクト学習」を進める際にも、実際に活用できるものが少なくないので、まずは試しにやってみていただきたい。

　しかし、参加型学習のアクティビティを実際にやってみると、「時間がかかる」という大きな課題に直面する。「実際の授業ではほとんど使えないなあ」という感想をもつ人も少なくないであろう。

(3)　「時間がかかる」の克服法：KP法

　循環的（螺旋的）な構造で示された探究的な学習にしても参加型学習にしても、学習者中心の学びでは、指導者側の思惑通りにトントントンと事が進行するわけではなく、時間がかかる。しかし、その時間は、学習者が考え、その考えを言葉にして一生懸命相手に伝えようとする貴重な時間である。相手の言う

ことを理解し，そこからもさまざまな気づきを得る実りの多い時間である。指導者側からの説明やプレゼンテーション，事後解説に多くの時間を費やすよりも，学習者自身の学びの時間を多く確保することが大事であれば，指導者側から学習者側への投げかけの時間を短縮する工夫が必要となる。

そこでぜひ勧めたいのが，KP（紙芝居プレゼンテーション）法である。山梨県北杜市にある KEEP 協会で長年環境教育に携わり，近年は企業や行政関係者にさまざまなプレゼンテーションや合意形成手法を紹介している川嶋直が，近年普及につとめているプレゼンテーションの手法である。2013年には，みくに出版から『KP法 シンプルに伝える紙芝居プレゼンテーション』という単行本を刊行しているし，KP法の要点はYou Tubeでも公開している。ホワイトボードにA4サイズの手書きの紙10〜15枚を次々に貼っていって，3分から5分でひとまとまりのプレゼンテーションをするという手法である。詳細は川嶋の著書やYou Tubeで確認していただきたいが，肝心な点は短時間でシンプルに記憶に残るように伝えるために，「情報を絞り込み，捨てる」点である。川嶋はKP法をプレゼンテーション手法であると同時に「思考整理法」であると述べている。つまり，手短にシンプルに伝えるために情報をそぎ落とすこと自身が思考を整理することにつながっており，整理された思考がA4サイズ十数枚に集約されてホワイトボード上に残るので，プレゼンテーションを受ける側も理解しやすい。KP法がパワーポイントより優れている点についても川嶋の上記著書やYouTubeで述べているので，確認してほしい。

KP法を用いることで，指導者側から学習者側への発信をシンプルに短時間で行うことができれば，学習者自身の時間を増やすことができる。今後，学校の授業でも児童生徒自身の学びの時間を増やすために，A4サイズの紙をペタペタと貼っていく光景がどんどん広がっていくような予感をもっている。

(4) 求められる「時間のかかる学び」を実現するための制度設計

学習者中心の授業，探究的な学び，そして本章で「持続可能性の教育」の中核的な学習方法として提示した「協働的なプロジェクト学習」は，時間のかか

る学びである。しかし，時間のかかる学びを避けていては，旧態依然の教育から脱皮することは不可能である。また，「協働的なプロジェクト学習」は従来の「教え込み」とは異なる学習者の主体的な参加を主軸とする学びである。教科教育を中心とする19世紀型の教育では，グローバル化，情報化が進展し，あらゆる面での持続可能性が問われている21世紀の教育として通用しないことが明らかである以上，新たな学びを実現するための新たな制度設計が求められる。

　さまざまな利権が根強く絡む現在の日本の教育行政を大転換することが，困難な，勇気の必要な選択であることは理解できる。しかし，「持続可能性の教育」を実現するためのチャレンジをしないことは，世界全体で取り組もうとしている持続可能な社会の構築から離脱してしまい，世界の国々から相手にされなくなることを意味する。

　どのような制度が適切であるのかについては，今後さまざまな角度からの議論や検討がなされる必要があるが，「持続可能性の教育」を実現するには次の2点は不可欠である。

① 「持続可能性の教育」のための授業時間の配当

　　既存の枠組みのなかで考えた場合，「総合的な学習の時間」のなかで，「持続可能な社会のための活動」というような時間の枠を，たとえば小学校5年，中学2年，高校2年の段階で確保するという構想を描くことは不可能ではない。しかし，「持続可能性の教育」を実現するには，充実した「協働的なプロジェクト学習」の実施を可能にする授業時間の配当が望ましい。

② 学外者との協働を前提とした指導体制

　　「持続可能な社会のための教育」の中核となる学習方法の多くは，自然学校やNPO，企業の研修などで先行実践されてきたものである。そのような学外者との協働を前提とした指導体制の確立も必要であろう。

(5) 「協働的なプロジェクト学習」遂行のための提案

　これまで述べてきたように，学校教育にとってはまだまだ歴史の浅い「プロジェクト学習」や「ワークショップ型学習」を導入するに当たって，そのよう

な学習形態の蓄積の多い自然学校やNPO関係者，企業の研修担当者などから学んだり，学校に招いて協働授業をしたり，場合によっては教師自らが自然学校に出向いて体験学習の体験をしたりすることはおそらく有効であろう。そして，一人の教師が自分の成功体験を同僚に伝えていくことで，学校全体で「協働的なプロジェクト学習」を遂行するための指導力向上を実現できる可能性もある。

しかし，そのような動きを大きなうねりにするには，教師に対するシステマティックなファシリテーション能力の育成といった，別の観点からのサポートも必要であろう。

本章を終えるに当たって，一つの提案をしたい。

そのような人材育成と研究開発を目的とする「持続可能性の教育」研究実践センターを，ナショナルセンターとそのほか各地方に一つずつ設置してはどうか，という提案である。

人材育成が必要という点についての付言は不要と思われるので，研究開発の必要性について述べておく。

「プロジェクト学習」や「ワークショップ型学習」といった学習形態は，これまで繰り返し述べてきたように自然学校やNPO，企業の研修などで多くの実践が行われ，蓄積が多い。しかし，それでもまだまだまださまざまな手法の開発による進化が求められる領域である。しかも，その手法を学校教育に適用するに当たっては，いまだ開発されてないさまざまな工夫がさらに求められるはずである。そこには，学校教育関係者だけでなく，さまざまな経験をもつさまざまな立場の人が集うことが望ましく，そこに集った人たちが，まさにワークショップ的な手法を駆使して新たな教育方法を開発し，実践を通して効果を確認して行くことで，より一層の工夫が生み出される。その研究開発拠点であるとともに，人材養成と情報発信の拠点として期待されるのが，この研究実践センターである。

（諏訪哲郎）

〈註〉
1 たとえば，2005年にユネスコ総会で採択された「文化多様性条約」や，2007年に日本ホリスティック教育協会が提示した「ホリスティックESD宣言」
2 藤原孝章［2011］「社会科における認識の総合性と社会参加―持続可能な社会の形成と開発単元「フェアトレードと私たちのくらし」―」『社会科教育研究』No.113, p.30
3 毎日新聞2014年8月19日朝刊
4 佐藤学［2012］『学校を改革する――学びの共同体の構想と実践』岩波ブックレット，pp.6-9
5 同上，pp.9-10
6 馬志遠［2014］「中国の小学校における環境教育効果－山西省長治市の緑色学校での調査事例」『日本環境教育学会第25回大会 研究発表要旨集』p.48
7 比屋根哲・塩見祥吾「ワークショップ形式の環境教育が生徒に及ぼす効果―福島県内の普通科高校での調査事例―」『環境教育』vol.24, No.1, pp.91-98
8 諏訪哲郎他（編著）［2008］『沸騰する中国の教育改革』東方書店，p.122
9 Blumenfeld et al. 1991, Motivating Project-Based Learning: Sustaining the Doing, Supporting the Learning. *EDUCATIONAL PSYCHOLOGIST*, 26（3&4）369-398
10 荻原彰［2013a］
11 国立教育政策研究所［2013］『教育課程の編成に関する基礎的研究報告書5 社会の変化に対応する資質や能力を育成する教育課程編成の基本原理』，p.27
12 『環境教育辞典』（教育出版，2013）中の中野民夫執筆の「オープン・スペース・テクノロジー」より
13 『環境教育辞典』（教育出版，2013）中の村上紗央里執筆の「ワールドカフェ」より

コラム

動物との共生

　持続可能な社会づくりにおいて，重視し，心を砕くべきことに人間以外の他の動物たちとの共生がある。
　その一つは，野生動物たちが生きることへの配慮である。地球の歴史において，過去幾度も生物の大量絶滅は起こった。ただ問題は，現在の生物の絶滅・現象が人間の活動の影響によるものであるという事実である。
　30年ぶりにバルセローナからリスボンまでイベリア半島の海岸部を自動車で旅した。衝撃的であったのは，当時，数キロごとに点在していた町と町がつながり，海岸全体に人間の居住空間が広がっていたことである。おそらくは，地球上のすべての地域で人類は増殖し，ほかの動物たちが生きる地域を減少させているに違いない。
　人間は動物の一種であるのだが，ほかの動物に比して優れているのは，完全とは言えないものの未来をある程度予測できるという点であろう。とすれば，見通しをもち，地球上の野生動物が生きられる環境を保持するための活動をしていくことは人類の責務である。野生動物に関する種々の研究が明らかにしているように，動物たちは地域の無数の生物体の生命維持のための環境保全に欠かせぬ役割を担っている。同じ地球上に生きる生命として，彼らとともにあることは，人類が持続可能な発展をしていくために不可欠なのである。
　動物との共生の第二は，人間の社会における動物との共生である。その意味を，犬を例に考察する。英国やドイツ・イタリアなどを旅して，驚かされたのは犬がいろいろな場所に簡単に入れるということだ。日本では盲導犬や介助犬の出入りは認められていても，一般的に愛犬と店に入ることはできない。欧米諸国では店に一緒に入ることは普通のことで，公共の電車に犬が乗っている姿もしばしば見かけた。
　人間の社会における動物との共生は，人間の生活にとって多大な意味をも

つ。犬を飼うことの効用として次の3つがあるとされる。一つめは，AAA（Animal Assisted Activity）〜動物介在活動である。この活動は，動物を介在させることで，QOL（生活の質）を高め楽しむことを目的としている。二つめは AAT（Animal Assisted Therapy）〜動物介在療法である。動物を介在させて，心身の治療を行うことを目的としている。三つめは AAE（Animal Assisted Education）〜動物介在教育である。動物とふれ合うことにより，子どもたちに思いやりや命の大切さを学ばせることを目的としている（島本洋介，ジャパンドックアカデミー　2014年）。

　米国では，虐待を受けた子どもたちに AAT としての動物とのふれ合いを通して心のケアーを行うグリーン・チムニーズという施設や，受刑者に犬を飼育する活動をさせることにより，社会復帰への精神的回復をめざした刑務所が存在する。日本でも島根あさひ社会復帰センターが，受刑者が盲導犬の候補となる子犬を育てるプログラムをスタートさせている。視野を世界に広げれば，牧羊犬，災害救助犬，セラピー犬など，人間の生活を助けるために犬が存在している現状がある。

　犬の飼育が，健康な身体や心の安らぎを与えてくれることに思いを馳せれば，我々が管理しているはずの動物に実は人が生かされているのである。このことは我々のなかにある，人類は他の生物よりも優れた存在であるという驕りに気づかせてくれる。

　新潟の小学校で，友達との交流がうまくできない1年生が，羊の飼育を通して，心を開き，友達と語り合うようになった事実を知った。小笠原諸島では，野生動物を襲うネコを駆除するのではなく，なんとか生かすため，都下の獣医たちと地元の人々が協力し，野生化したネコを都内に搬送し続けている運動がある。ESD において，こうした動物とのふれ合いを通して，生物への興味を喚起し，社会性をはぐくみ，生命の尊さや成長の喜びを感得する教育実践をすることを期待したい。

　人間にとって持続可能で希望ある地球社会の構築には，他の動物の生命・生きる権利を保障する視点を欠いてはならない。

(多田孝志)

第5章

教育実践事例をみる

　持続可能性の教育にかかわる教育実践は，学習者が真にこの教育の希求する資質・能力，技能をはぐくんでいくことのできる実践の創造，すなわち教育実践の質的向上を希求する充実・深化期に入ろうとしている。本書で紹介する4編の実践事例は，そのための手がかりを明示するものである。

1．持続可能性の教育の教育実践の経緯

　教育実践を対象に，持続可能性の教育の経緯を考察しておく。2002年，日本の提案により世界首脳会議実施計画に「ESDの10年」に関する記述が盛り込まれた。2005年にはユネスコが，国連「ESDの10年」国際実施計画を策定し，国連総会にて承認された。この実施計画には，「全体目標：持続可能な開発の原則，価値観，実践を教育と学習のあらゆる側面に組み込んでいくこと」が明示された。この実施計画の前半段階までは，ESDの必要性や理念の紹介にとどまり，教育実践への取り組みは稀少であり，啓蒙期と位置づけられよう。
　第二期といえる拡大期は国際実施計画の後半期間である2009～2014年である。グローバル時代に対応した教育の必要性を背景に，急速に普及したユネスコスクールや，国際理解教育や環境教育の実践校等でESDの教育実践が行われはじめた。その契機となったのは，国連「ESDの10年」円卓会議の開催であった。

2009年にドイツで開催されたESD世界会議で取りまとめられたボン宣言で，「より強力な政治的コミットメントと断固たる行動が求められている」と記述された。これを受け，日本政府は有識者から成る国連「ESDの10年」円卓会議を開催して意見交換も行いながら2009年までの前半5年の評価を行い，それをもとに実施計画の改訂を行ってきた。円卓会議は2009年6月3日，国連「ESDの10年」実施計画報告書を提出した。本報告書によれば改訂のポイントは以下のとおりとされた。

- ESDの普及促進をさらに加速させ，ESDの「見える化」「つながる化」を推進
- 新しい学習指導要領に基づいたESDの実践，ESDの推進拠点としてのユネスコスクールの活用など，学校教育を活用してESDを推進
- 新しい公共の概念との関係を明記

　本報告書において，教育実践にかかわって注目されたのは，学習の方法に関する次の記述である。

　学び方・教え方については，「関心の喚起→理解の深化→参加する態度や問題解決能力の育成」を通じて「具体的な行動」を促すという一連の流れのなかに位置づけることが大切です。これらの過程では，単に知識の伝達にとどまらず体験，体感を重視して，探求や実践を重視する参加型アプローチとすることが大切です。また，活動の場で学習者の自発的な行動を上手に引き出す「ファシリテート」の働きを重視することも大切です。

　これらのアプローチを通じて，学習者の参加する態度や問題解決能力をはぐくみ，参加する機会の提供にも努めることが必要です。このような学び方，教え方を実践するためには，参加体験型の学習方法や合意形成の手法を活用することが効果的です。高校や大学等の中等教育，高等教育においては，仕事や活動の現場で，必要な知識や技能を習得させるオンザジョブ・トレーニング（on-the-job training）により，具体的な実践を通じて学ぶという方法も効果的です。教育や学習の現場では，学ぶ側の意見を取り込みつつ，進めることが大切です。教育や学習の対象者すべてに一斉に同じ方法をとるのではなく，可能な限り一対一の対話を重視して行うよう努め

ることが大切です。

　国立教育政策研究所は2009年に「学校における持続可能な発展のための教育（ESD）に関する研究」プロジェクトを発足させ，3年間にわたる取り組みを行った。2012年9月，中間報告書が刊行された。このプロジェクトの特色は学校での実践研究のあり方を明らかにすることにあった。具体的な学習方法として，ESDの理念に基づくはぐくむべき資質・能力の育成を意図した「視点整理型アプローチ」，およびESDの視点から各実践事例の意味を明らかにする「チェックシート型」の実践枠組みを提示した。また，学習を進めるうえでの留意点として，「①教材のつながり，②人のつながり，③能力・態度のつながり」を示した。同報告書は，巻末に小学校，中学校，高等学校の実践事例を掲載している。

　こうした動向を受け，総合的学習や教科学習における実践，参加型，課題解決型等のさまざまな学習方法を活用した実践など，ESDに関する教育実践は拡大してきた。また関連学会・研究会においても多様な実践が報告されはじめた。ユネスコスクール全国大会におけるNPO法人日本持続発展教育推進フォーラムによる，持続発展教育に該当する実践の輪を広げることをめざしたESD大賞の設定（2009），実践事例集の刊行などは，ESDの実践を拡大する役割を果たした。

　こうした拡大期を経て，持続可能性の教育の実践は充実・深化期に向かおうとしている。本書において佐藤学が「持続可能性の教育の意義と展望」，木曽功が「持続可能な発展のための教育（ESD）の世界的潮流」，多田が「教育実践の深まりへの手立て」，諏訪が「持続可能性の教育の学習方法」を考察し，持続可能な社会の教育の理論と実践のあり方を論じたのは，教育実践の質的向上のための土壌づくりの意味もある。それは，皮相的な華やかさの追求でなく，学習者が真にこの教育の希求する資質・能力，技能をはぐくんでいくことのできる実践の創造を希求する意図による。

2. 充実・深化期に向けての教育実践に手がかりを与える実践事例の紹介

充実・深化期に向けての教育実践に手がかりを与える実践事例を紹介する。
なお，四つの実践事例は，掲載部分の数倍の分量であったが，紙幅に制約があり，報告者の了解を得て，主な内容のみの掲載となっている。

実践事例 1

日常的な活動を生かした多様性教育の実践

愛知県豊田市立若林東小学校

1．はじめに

　子どもたちが小学校のころからESDを享受することは，平和で希望ある未来を創っていくうえで大きな意義がある。中学校と異なり，小学校は一般にクラス担任制がとられている。そのため，一教師がほとんどすべての教科の指導を行うことができ，ESDに求められる教科・領域横断型の学習を実現しやすい。日常的な活動を生かすことで，教師が構えることなくESDの実践に取り組むことができる。

　変化の激しいこれからの世界では，感情的な反応に身をゆだねたり，受け身的に行動したりしていると，生き抜くことすら困難になるかもしれない。いじめや戦争に向かう空気が流れたときに大切な能力は，空気を読んで，人に合わせる力ではない。本当に大切なものは何かを自ら問い，真理を探究し続けながら，正しく判断し，行動する力である。こうした"批判的思考力"を基盤とした，たくましい個の確立が求められている。「生きること」「学ぶこと」「幸せ」「平和」「愛」「美」といった言葉の意味の探究，つまり，哲学をすることが主体的に生きる力とつながっている。哲学をしながら，これまでの自分の生き方を振り返る。これからの自分の生き方を自ら考え，判断し，行動していく。こうした体験を積み重ねることで，子どもたちは，主体的に生きる力を身につけ，責任をもって自分の

人生を生きるようになる。さらに，"多面的・総合的思考力"が育ち，視野が広がっていけば，この生きる力は，地球市民として平和で公正な社会を創造するという責任感にもつながっていく気がする。

　右下の図の「ESDで重視する能力・態度の枠組み（案）」は，国立教育政策研究所のリーフレット「ESDの学習指導過程を構想し展開するために必要な枠組み」[1]をもとにして，検討を加え，考案したものである。「自立・協働・創造」という段階を経て，持続可能な社会づくりにかかわる課題を見出し，それらを解決するための力をはぐくむことができると考える。

　まず，思考力をベースに，自らの考えや価値を"伝え合い"ながら，当事者意識をもった，責任ある自己を確立（「自立」）していく。同時に，相手の立場や気持ちを想像し，"響き合い"ながら，「協働」する力をつける。そして，ビジョンや目的を共有し，多様な個性を生かし，対立を乗り越え，"高め合い"ながら，新たな価値や，その先の持続可能な社会を「創造」できる子どもたちをはぐくんでいくというものである。

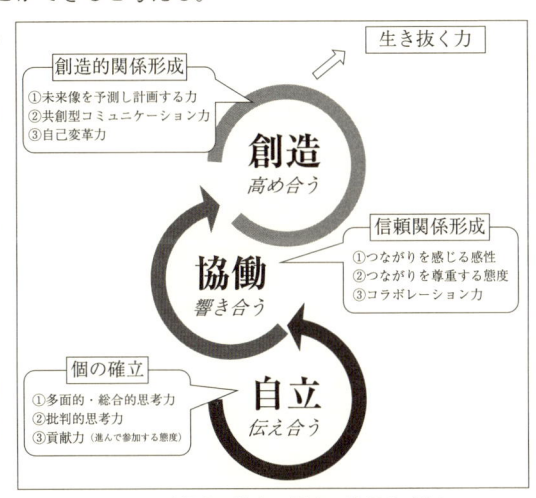

ESDで重視する能力・態度の枠組み（案）

　本稿ではESDの構成概念の一つである"多様性"に関する対応力を養う3年生の実践を中心に報告する。

2．多様性教育の実践

　いろいろな違い（"多様性"）があるから，おもしろい。違いがあるから助け合える，学び合える，成長できる。でも，違いがあるからイライラする，意地悪をする，差別する。違いがあるからけんかをする，拒絶する。

　これらは，日常の学校生活の多様な状況で，程度の差こそあれ，子どもたちが経験していることである。こうした経験を，ESDの体験学習として位値づけ，

"多様性"の理解・尊重・活用を促していく。そして，持続可能な共生社会の実現に向けて，子どもたちが，お互いの"多様性"を理解し，尊重し，生かし合いながら，新たな価値を創造する力を伸ばすために実践したことを紹介する。

①多様性の影響につながる出来事

"多様性"の影響に関して，学校で実際に起こる出来事を用いて，プラス面とマイナス面に分けて，リアルタイムで理解を促すようにしている。たとえば，"多様性"の影響のマイナス面については，次のような指導を展開した。

> **違いがあるからイライラする**
> 　黒板に貼り付けた数え棒が少し曲がっていたとき，「まっすぐ貼られてないと，すごく気になる」と訴えてきた子どもがいた。そこで，子どもたち全員に，同じように気になるかどうかを尋ねた。すると，「気になる」と答えた子どもが多かった。まっすぐに貼ることが普通の常識として期待される状況で，曲がって貼られていることは違いであり，その違いにイライラするという反応は自然なことであると子どもたちに伝えた。
>
> **違いがあるから差別をする**
> 　体重が普通とは違う子どもが「デブ」と言われたり，身長が普通とは違う子どもが「チビ」と呼ばれたり，髪質が普通とは違う天然パーマの子どもが「くるくるパー」とからかわれたりすることがある。ある子が普通よりも行動が遅いという理由で，「一緒の班にはなりたくない」と避けられたこともある。こうしたとき，違いが原因で差別が起きる現実を確認する。そして，差別された人の気持ちを想像したり，「差別はいけないと，どうして言われるのか」というテーマで対話をしたりするようにしている。
>
> **違いがあるから協働できない**
> 　班で何かを決めるとき，多様な意見が出る。しかし，お互いに自分の意見を主張するだけに終わり，合意への努力がみられないときがある。こういうときは，すべての班の意思決定のプロセスをクラス全体で振り返るようにしている。多様な意見がまったく出ないで決まった班，多様な意見を生かしてみんなが納得のいく決定ができた班などから話を聞きながら，理想の意思決定のプロセスを考える機会を設けている。

②「もしもの世界」対話

"多様性"のプラス面をイメージで感じ取るために，「もしもの世界」対話を行っている。まず，「もしも違いがなくて，すべて同じだったら」と尋ねることで，"画一性"の高い世界のマイナス面を想像する。そして，現実世界の"多様性"

のよさを感得できるようにしている。以下は実践した対話のテーマである。

> 学級活動
> - 「もしも給食のメニューが毎日同じだったら？」
> - 「もしもみんなが同じ顔（〇〇さんの顔）だったら？」
> - 「もしも男／女の人しかいない世界だったら？」
> - 「もしもみんなが同じ性格だったら？」
> - 「もしもみんなが同じ意見しか言わなかったら？」
>
> 社会科
> - 「もしも買い手がスーパーで同じ会社の牛乳しか買わなかったら？」
> - 「もしもスーパーで（外国産の品物すべてが消えて）国産の品物しか売っていなかったら？」
>
> 理科
> - 「もしもみんなの好みが同じで，みんな肉好きだったら？」
> - 「もしもすべての昆虫が黄色の花だけが好きで他の色の花が嫌いだったら？」
> - 「もしもすべての人間が（いろいろなものを食べないで）ダンゴムシのように枯れ葉だけを食べることになったら？」

"つながりを尊重する態度"をはぐくむために，「みんなちがって，みんないい」という思いが込められた金子みすずの詩「わたしと小鳥と鈴と」を暗唱することがある。"多様性"に関する「もしもの世界」の対話によって，「みんなちがって，みんないい」という実感は，より確かなものになると感じている。

③多様性を興味として捉える体験

「つながりを尊重する態度」を培うためには，違い（多様性）を脅威ではなく，興味として捉える体験や考え方も大切だと考えている。

総合的な学習の時間では，世界の"多様な文化"のおもしろさを実感できるような授業づくりを心がけている。たとえば，世界の遊び，世界の音楽，世界の料理，世界の民族衣装，世界の景色に関して，体験を通して「多様性」のよさを感得する授業を行った。

国語「世界の民話のおもしろさを紹介しよう」では，「多言語・多文化教材研究」の教材「民話で世界旅行」[2]をもとにして，世界の民話のおもしろさに着目し，興味を引き出す実践をした。また，「世界の家のつくりについて考えよう」では，世界の家のつくりが，その土地の気候や人々の暮らしと結びついていることに関心がもてるように授業を進めていった。

理科で，「川はなぜ流れるか」「風はどうして吹くか」「電気はなぜ流れるか」という問いを子どもたちに投げかけることがある。そして，対話を通して，地形，温度（気圧），電極（電位）に「"違い"があるから，流れや変化が起きる」という考え方や，「自然界のものはバランスを保とうとする（平衡）」という科学的な見方に関する気づきを引き出すようにしている。

④多様な個性の活用

　子どもたちの興味，得意なこと，性格，考えや意見，表現方法，感性，価値観は多様である。こうした「多様な個性」のよさを見つけ，認め合い，生かし合える学級経営をめざしている。「多様性」を理解・尊重・活用する絶え間ない努力を通して，子どもたち一人ひとりは成長し，輝きを増す。そして，持続可能な共生社会を実現するうえで必要な解決策と新しい価値を，みんなで創造していくことができる。このプロセスを図解したものが下の図である。

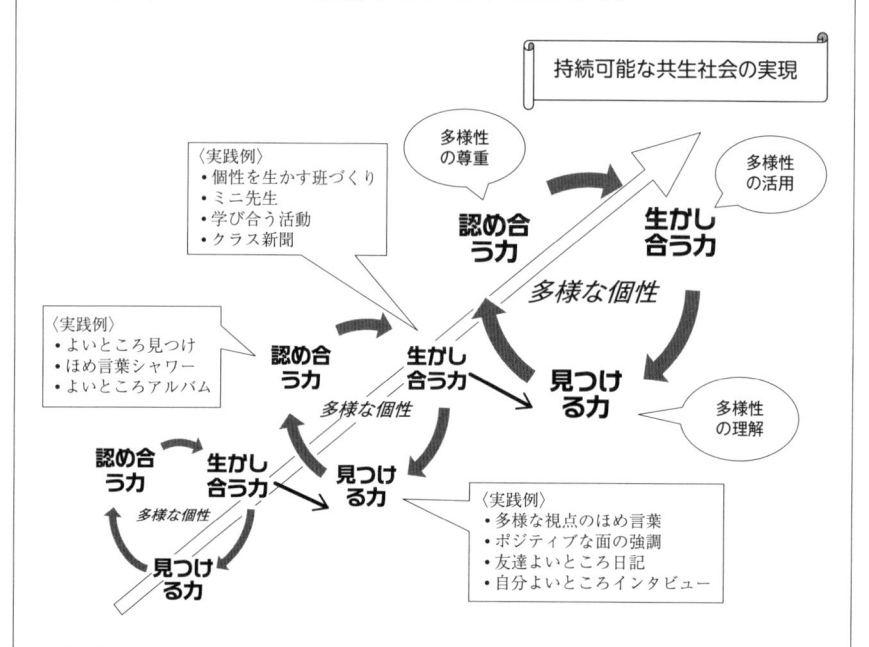

〈実践例〉
・個性を生かす班づくり
・ミニ先生
・学び合う活動
・クラス新聞

〈実践例〉
・よいところ見つけ
・ほめ言葉シャワー
・よいところアルバム

〈実践例〉
・多様な視点のほめ言葉
・ポジティブな面の強調
・友達よいところ日記
・自分よいところインタビュー

持続可能な共生社会の実現
多様性の尊重
多様性の活用
多様性の理解
認め合う力　生かし合う力　見つける力　多様な個性

　まず，個性の「ポジティブな面を強調」することによって，「多様な個性」を見つける力を高めるようにしている。たとえば，自分のことができていないのに，人のためにがんばろうとする子どもがいるかもしれない。自分の身の回りの整理

整頓はできないけど,みんなのためにいつも進んでトイレのスリッパをそろえてくれた子どもがいた。いつもは決められた時間内に給食を食べ終わることができないのに,1年生の給食の片づけサポートをする期間だけ時間内に食べ終わることができた子どもがいた。こうした子どもたちに対して,「まずは自分のことがしっかりとできるといいね」という,少しネガティブで欲張った声がけをするのではなく,「人のためにがんばれるって素晴らしい」というポジティブな面を強調して評価するようにしてきた。「自分のことができてから,人のお世話をするべき」という自分の「常識」に振り回されずに,一人ひとりの子どもたちなりのがんばりを素直に,前向きにほめていくように心がけている。

　また,個性のポジティブな面を強調するために,短所を長所に言い換える「リフレーミング」を使っている。相手のネガティブな面を意識すればするほど,相手との違いを尊重することが難しくなるかもしれない。しかし,「リフレーミング」によって,ピンチをチャンスに変えることで,違いを尊重し,違いを活用することができるだろう。以下は,「リフレーミング」の例である。

短所	リフレーミング	長所
自分勝手,意地っ張り	→	意欲的,積極的,意志が強い
短気,すぐに怒る	→	熱意がある,感情表現が豊か
飽きやすい,すぐにあきらめる	→	気持ちの切り替えが早い
いいかげん,だらしない	→	おおらか,小さいことは気にしない,自然体
鈍感	→	打たれ強い,ありのままを受容,前向き
落ち着きがない,おしゃべり	→	誰とでも仲よくなれる,社交的,行動的
人見知り	→	慎重
行動が遅い	→	自分でしっかりと理解をしてから取り組む
すぐに泣く,気が弱い	→	感じる心が豊か,優しい,でしゃばらない
心配性	→	気配りができる

　「多様な個性」のよさを見つけるために,日記やインタビュー活動を使うことがある。「自分のよいところは？」と聞かれて,うまく答えられない子どもがいるかもしれない。しかし,日記やインタビュー活動を行っていると,まわりの人

の助けを借りながら自分のよさに関する理解が深まっていく。

　たとえば,「友達よいところ日記」では,友達のよいところを見つけて書き出してくる。この日記はよいところを紹介された友達のところへ配られることになっているので,自分のよさを理解する機会にもなる。また,新しい視点で友達のよさを見つけてきた場合,その日記をクラスで紹介させてもらう。クラス全員のよいところ日記を,自主的に書き上げた子どももいた。

　「ほめ言葉シャワー」は,一人の子どもを,みんなでほめまくる活動。この活動も毎日行うとネタ切れになったり,ほめ言葉がほかの人と重なったり,マンネリ化したりするので,工夫が必要である。私は,「誕生日の子どもだけ」「1か月に1回」など,限定的に行っている。また,「人によって伝え方が違うので同じことをほめてもよい」「性格だけでなく,外見についてほめてもよい」というルールを設定し,自由度を上げて「ほめ言葉シャワー」を楽しめるように実践している。「よいところアルバム」は,たくさんの人から,自分に対するほめ言葉をカードに書いてもらい,そのカードを集めて,貼り合わせてアルバムを作る活動。「ほめ言葉シャワー」がほめ言葉のブレインストーミングだとすると,「よいところアルバム」はほめ言葉のブレインライティングのような活動になる。学級を閉じるときのプレゼントとしても使える。

⑤言葉遊び

　今の3年生のクラスでは,子どもたちは多様な外国語を使って,あいさつ,号令,健康観察を楽しく行っている。外国語のあいさつを初めて覚えたときから,10か月がすぎた今でも,子どもたちが喜んで外国語を覚え,使い続けるようになった成長にはわけがある。まず,子どもたちは帰宅後も覚えた外国語を家族にどんどん使うので,保護者のほうは驚き,感心されることが多く,このことで子どもたちも意欲的になる。さらに大きな影響を与えていると思われる要因は"遊び心"の活用である。

　たとえば,健康観察のとき,子どもたちが「はい」という意味で使う外国語の返事の例をあげて説明してみる。

- 「ウィ」(フランス語)　・「ヤー」(ドイツ語)　・「スィン」(ポルトガル語)
- 「ネー」(韓国語)　・「ヨー」(中国語)　・「オポ」(フィリピン語)

　子どもたちはまず,これらの外国語の音の響きの違いを楽しむ。そして,イン

トネーションを変えて言ったり，「ウィ」を妖怪ウォッチのキャラクターが話す「ウィッス」に変えてみたり，「ネーネー」と2回続けて言ってみたりして，子どもたちは進んで「言葉遊び」を楽しむ。「咳が出ます，ヨー」「鼻水が出ます，ネー」と調子が悪い理由のあとに，つけ足して言う子どももいる。

　「さようなら」の挨拶で子どもたちのお気に入りは，インドネシア語の「ダー」。一日が終わると，私と「ダー」の叫び合いをして，笑顔で帰っていく子どもも多い。男女で異なる外国語表現に関しても，子どもたちは進んで「言葉遊び」を考え出した。たとえば，ポルトガル語では「ありがとうございました」の言い方が男女で異なる。男子は「オブリガー"ド"」，女子は「オブリガー"ダ"」。そのために，授業終了の号令にポルトガル語を使うときは，男女で，競争心をむき出しにして，相手よりも大きな声で言おうとがんばることがある。男子は「ド～」，女子は「ダ～」と，語尾を何度も叫び合って楽しんでいる。

　異文化へ敬意を払う大切さを指導しながらも，外国語を覚えるためにダジャレを使うことを歓迎するようにしている。たとえば，フィリピン語で号令をかけるとき，「起立」は「トゥマヨ」。これを「ツナマヨ」と発音したり，「ありがとう」は「サラマッポ」だが，「サラダッポ」と発音したりしながら楽しく使っている。自分も含めて，「どうぞ」という意味の「パキヨポ」と「サラマッポ」の二つのフィリピン語が混乱し，逆に使いそうなときがあるが，「ありがとう」が「サラダ」と記憶しているため，間違えずにすんでいる。このほかにも，子どもたちは，「おはよう」という意味のフランス語「ボンジュール」を「ポンジュース」，「さようなら」という意味のドイツ語「チュース」を「ジュース」に言い換えて，外国語を楽しく覚えて，楽しく使っている。

　クラスの子どもたちが異文化とかかわる際に示す高い関心は，違いを活用して楽しむ「遊び心」に支えられている気がする。そして，この「遊び心」が，違いをありのまま受け入れる寛容な心にもつながっていくことを願っている。

⑥イメージ遊び

　"多様性"を活用する実践として，イメージの世界で"遊び心"を働かせ，多様なものをつなげて楽しむ活動も行っている。

　図画工作「アートたんけんたい」では，視点を自在に変えたり，想像力を発揮したりしながら，自然，人工物，風景などのなかにおもしろいもの，美しいものを見つけていく。それらをデジカメで撮影して，写真の作品を作る活動である。

子どもたちの作品を見ると，豊かな感性と想像力を実感する。たとえば，ロッカーのランドセルを下からの構図で撮った写真に，子どもたちは「うさぎさんたちが，かくれんぼしている」と言った。確かに，ランドセルの肩ベルトがうさぎの耳のように見えた。また，雨上がりの水たまりの泡模様を写真におさめた「世界一のダンサー」という作品では，ダンサーが「我こそはナンバーワン！」というポーズをとってノリノリで踊っているイメージが，生き生きと伝わってきた。ブランコとその下の水たまりを一緒に写した「雪とブランコ」という作品には，水たまりが鏡のようにブランコを映し出し，水たまりに散在する泡が雪のように見えた。多くの子どもたちとともに，その風景の美しさに感動した。

　学芸会など行事の本番前に，子どもたちの緊張をほぐすために，「イメージ遊び」をすることもある。よく使われるアイデアだが，「見に来ている人はみんなジャガイモだとイメージしてごらん。別に，ジャガイモじゃなくてもいいけど」と言うと，子どもたちは多様な反応をしてくる。「私はニンジンにする。ニンゲンと似ているから」「ぼくは，きらいなピーマン。きらいなものなら，見ないから」「私はキュウリ。好きだから」。子どもたちの話を聞きながら，みんなでイメージすると，子どもたちは笑顔になって，少しリラックスする。最後に，「納豆はどう？　みんなも，お客さんもみんな納豆！　いいでしょ。つながっているよ」と私が冗談を言うと，笑ってくれることもある。

　本稿では，"多様性"の理解・尊重・活用を促す実践の一部を紹介した。最後に，このような多様性教育にかかわる実践がどのような場面でなされているか，その全体像を次のESDカレンダーを通して見ていただきたい。　　　（報告者：**幸田　隆**）

〈註〉
1　文部科学省（2013）『第2期教育振興基本計画　生涯学習社会の理念』
2　日本国際理解教育学会の学会員により開発された無償教材 http://www.waseda.jp/prj-tagengo2013/blog/html/pages/kaihatsukyouzai.html

第5章 教育実践事例をみる

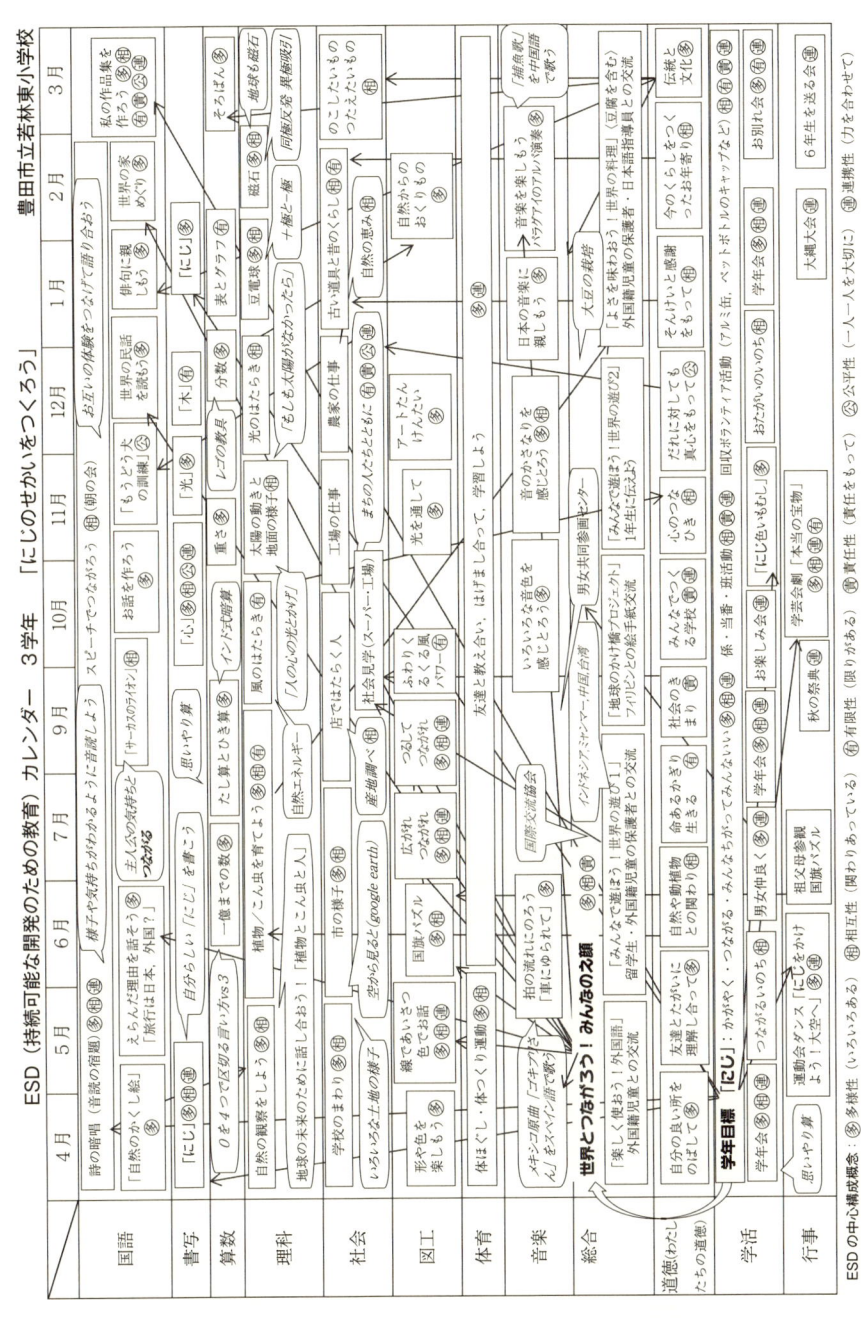

実践事例 2

地域の多様な教育資源を生かした実践

神奈川県相模原市立青根小学校

1．はじめに

　この10年の間に行われてきたESD実践には，いくつかの共通点が認められる。それは，①地域の特色を生かしながら，学校と地域・民間団体・行政・企業等との連携をもとに実践を展開していること，②「ESDカレンダー」が普及し，教科と総合的な学習の時間（以下「総合的学習」）の緊密な関連指導による教育課程編成が普及したこと，③「ESD指導の枠組み」（国立教育政策研究所，2012年）に基づいて，学習指導の過程に「構成概念」「能力・態度」を組み込む学校が増加しつつあること，④総合的学習では，環境教育を中心とした教育課程を編成する学校が多いこと，である。この傾向は，各学校がESD実践の「質」について探求をはじめていることの表れであろう。神奈川県相模原市立青根小学校は，とりわけ①について質の高い取り組みを行ってきた。

　青根小学校は，全校児童7名の小規模な学校（2014年9月現在）である。周囲は，山林と畑に囲まれたのどかな環境にある。同校がある青根地区は，神奈川県相模原市西端の標高400mの中山間地に位置しており，山梨県道志村に隣接した県の水源地である。相模原市全域面積の11％を占める36.25km^{2}に，338世帯611人（同上）が住んでいる。

　同地区は，昭和初期に養蚕業や林業等が盛んであったが，現在では小規模な農業・林業及び観光業（キャンプ場・保養施設等）が主産業で，水源地であるため工場の新設は難しく，新たな雇用を生み出せていない。小学校に隣接する青根中学校も全校生徒は7人で，地域に高校がないので進学時に都市圏へ移住する家族も多い。このように，少子高齢化・過疎

化が進行している青根地区では，まさに地域の持続可能性が喫緊の課題であった。

２．青根小学校の教育活動

①青根小学校の方針

　2014年度の教育活動の方針は，以下の３点である。

> (1) 豊かな自然や文化，伝統など地域の本物のよさから学ぶ教育を進める。そのために，学校林の活用を通して中学校・地域・保護者と協働した学習の充実を図る。
> (2) 子どもたちが，主体的に判断・行動し，仲間と協調しながら集団に貢献する活動を取り入れる。その際に，子どもが立てた課題をやりぬくよう全教師で指導・支援に当たる。
> (3) 少人数のよさを生かして，確かな学力（聴いて，考えて，つなげる学び）を育む。そのために，さまざまな場面で「聴く」「書く」「伝える」「つなげる」活動を取り入れ，思考・判断・表現する力を向上させ，多面的な見方や多様に考える力を伸ばす。

　この教育活動の軸となるのが，ESDの考え方に基づく総合的学習である。

②総合的学習の概要

　青根小学校の総合的学習は，環境（身近な自然とそこに起きている環境問題），食（食をめぐる問題と地域の農業や生産者），歴史・文化（まちづくりや地域活性化のために取り組む人々・組織）を対象とし，３・４年生はオオムラサキを育て調べる活動，５年生が地域の伝統や歴史を学ぶ活動，６年生が青根地区に住む人々と自然とのつながりを重点的に学習することになっている（表１参照）。

表１　総合的学習の年間計画の概要 (2014年度)

学年	１学期	２学期	３学期
4	青根に暮らす昆虫① 〜オオムラサキを育てよう〜	青根に暮らす昆虫② 〜オオムラサキを詳しく調べよう〜	青根に暮らす昆虫③ 〜わかったことをまとめよう〜
5	○地域マップ作り ・地域の歴史と課題探し ○地域の伝統を守る ・青根お囃子の調査と体験 ・青根の祭礼での発表	○地域の歴史を知る ・「あおりん」にある「監視哨」の調査	○青根「監視哨」学習発表

| 6 | ○青根の自然と生き物との
つながり①
・青根にすむ生き物 | ○青根の自然と生き物との
つながり②
・生き物を守る人々 | ○青根の自然と生き物との
つながり③
・わかったことをまとめよう |

※2014年度は，3年生が在校していない。「監視哨」とは，太平洋戦争中に米軍の空襲を監視した旧日本軍の施設。

　この総合的学習は他教科や行事と密接に関連させて，地域の多様な人材の支援を受けながら実施されている。

3．青根小学校の ESD

①新学校林づくり

　青根小学校は，神奈川県内に残る唯一の木造校舎である。1941年の火災で全焼した後，地域住民の山より提供された木材と労力によって現在の校舎が再建され，2009年の外壁改修工事でも地元の木材が使用された。その後，神奈川県の新学校林創生事業モデル校に認定され，新学校林「あおりん」の整備が行われた。「あおりん」は，約3haの私有林であるが，13人の所有者から土地使用の承諾を得て活用されている。

　2000年以来地元林業会社が毎年企画・実施している津久井森林体験教室でも，都市圏居住のボランティアが学校林の整備を体験しており，市民に水源地の現状と課題，地域資源の存在を知ってもらうことに貢献している。つまり，新学校林「あおりん」は，同小学校の教育活動のフィールドであるだけではなく，都市圏と中山間地域をつなぐ学びの場としても活用されている。

②大学生との交流型協働授業

　2011年に赴任した倉田元校長は，同年12月に相模原市立環境情報センターを訪問し，青根小学校の学校林で環境学習が実施できる環境団体の紹介を依頼した。同センターは，以前から青根地区の休耕田を拠点に生物多様性の調査や，環境学習，環境まちづくりを実践していた麻布大学の学生・教員グループ「あざおね社中」を紹介した。ここから，小学校と大学が協働する総合的学習が開始された。

　2012年6月に，「あざおね社中」は，全校児童を対象に，世界共通の絵文字で描く環境地図である「グローバルアイコン」で描く地域の環境地図「グリーンマップ」づくりを通して，自分たちの地域を見つめ直し，大学生に発表する環境学

習を実施した。授業ではグローバルアイコンが表すものを学んだあと，校内でグローバルアイコンにふさわしい場所とその理由を児童が大学生に紹介した。その後，児童は新学校林全体に視野を広げた「あおりんグリーンマップ」を完成させて，さがみはら環境まつりやエコプロダクツ展，グリーンマップのホームページで発信している。

③里山の生物多様性

　2013年，「あざおね社中」は，環境省が実施する「モニタリングサイト1000里地調査」の一般サイトとして，カヤネズミ，アカガエル，水環境，人為的インパクトの各種調査を青根地区で実施し，青根小は生物多様性の調査に全面的に協力した。同年6月の総合的学習では，「あざおね社中」の大学生が青根地区の生物多様性調査の報告を行った。児童は，授業を通して青根地区には希少な生物が生息できる環境があり，生物多様性に恵まれた地域であることを理解した。この報告会の数日後，児童と教職員が協力して校内の池の整備を行った際，そこにツチガエルが生息していることも明らかになり，それ以降日常的に自然観察を行うようになった。

　つまり，この協働授業は，初めて児童が地域を見つめ直し，地域の豊かさを実感するよい機会になったのである。

④ESDモデル事業

　青根小学校は，2013年度環境省事業「持続可能な地域づくりを担う人材育成事業」（以下「ESD実証事業」）にも参加し，地域プログラム「学校林から"青根の輝き"を伝えよう」を実施した。本事業では，海岸部にある小田原市立片浦小学校と交流することになった。授業は，2014年1月に青根小の当時の全校児童9名が参加して1日がかりで実施された。教師と児童がバスに乗って相模川を下り，途中で施設見学や自然観察を行いながら，最終目的地の片浦小学校で交流授業を実施するというものである。

> 1　目的
>   (1)「水」を通して，自然の循環と地域の特徴を理解する。
>   (2) 青根小学校と片浦小学校が学んできたことを交流し，「違うことのよさ」を学び合う。
> 2　事前学習
>   ・理科と総合的学習で，「水の循環」について学ぶ。
> 3　当日の行動
>   【出発】飲料水を近くの川（唐沢）に流す。その水と一緒に川を下って旅をすることを知る。
>   【道志川】水温と透視度を測定し記録する。
>   【青山浄水場】山水が飲料水となるように浄化されることを知る。
>   【相模湖】相模原市民の飲み水として大量に貯水されていることを知る。
>   【相模原中流域河原】水温，透視度を測定し記録する。川の生物を観察する。→バスからの汽水域の見学。
>   【片浦小との交流授業】2校の学習発表会。
>   【2校による磯の観察会】インタープリターによる授業。→【帰路】

　青根地区に降った雨は，山林の地中に染み込み，やがて地域の飲料水や農業用水に姿を変え，やがて川に流れ込む。また，朝霧となって空に昇り雲となり相模原市の上空を流れていく。青根地区の水は，相模川を下って相模湾に注ぎ込み，やがて海水が蒸発して雲をつくり，再び雨となって降りそそぐ。授業では，この循環を体験的に理解させたかったのである。

　青根小学校の児童は，片浦小学校での交流授業で，それまでの総合的学習で学んできたことを発表した。1年生と3年生の2人は「あおりん」に自生するキノコと植物について，4年生と5年生の4人は地域で釣れる鮎の一生について，そして6年生の3人は，地域のために活動する人について学んだことを発表した。この日の最後に行われた磯の観察会では，生物観察だけでなく，波の音を聴き海辺の景観を眺め，青根地区の暮らしや自然とまったく違うことに驚かされる1日

でもあった。

　この授業を通じて，児童は青根小学校と片浦小学校が河川の上流と下流によって結びついていることを体験的に理解していった。また，上流での生物多様性に関する学習活動が下流の生態系にもよい影響を与えること，対照的な二つの地域の比較によって自然・歴史・文化の特徴がくっきりと見えるようになったことから，自分たちの暮らしが他の地域と有機的につながっていることに気づくことができた。

⑥〈学び〉で青根の未来を創造する

　この ESD 実証事業のもととなった総合的学習は「学校林のマップづくり」「海と川の生き物のつながり」「青根のために活動している人」等の調べ学習である。６年生は，青根地区でまちづくりに取り組む人たちへのインタビューを通して，自分たちにできることを考え，未来の青根のビジョンを2014年２月の学習発表会の劇で表現した。その劇は，「未来から少女がやってきた。時は，少子高齢・過疎による存続の危機から，にぎわいのある青根地区に回復する転機となった2013年である。彼女が見たのは，地域のために活動している多くの人であった」という内容であった。未来の青根地区がどうなるかは誰にもわからないが，青根小学校の児童は，「調べる」という知的な活動と，劇という身体表現によって豊かな〈学び〉を経験し，自らの手で未来を創造する意欲を獲得しつつある。

　青根小の教育活動には，「地域とともに生きる」という太い柱がある。同校の倉田元校長は，「たとえ青根から出て行っても，青根出身であることを誇りに思う子どもを育てたい」と話す。そのために，学校と地域と都市部の人が集う新学校林「あおりん」を整備し，劇で自分を表現する力をはぐくみ，さまざまな交流で自分たちと地域の価値を発見する教育活動を創り出してきた。

４．青根小実践の意義

　青根小学校の ESD は，地域に潜在する資源（学校林，希少生物，文化財等）を地域住民と大学生の支援を受けて発掘し，それを教育課程に巧みに取り入れて授業を実践してきた点に特徴がある。しかし，学校と地域が連携した事例であれば，全国の学校でも数多くみられるだろう。逆に，「小規模の学校だからできる」「自然に恵まれた地域だから可能だ」という批判があるかもしれない。しかし，近年の同校の教育活動は，他の ESD 実践校に貴重なヒントを投げかけている。

それは、どのような点なのだろう。

　第一には、地域における学校の拠点性をよく理解したうえで、教育活動が展開されていたという点である。同小学校の教育活動は、〈生態系のなかの学校〉という捉え方を提起している。つまり青根地域は、新学校林「あおりん」、生物多様性に恵まれた農地、相模川上流の水源に囲まれており、この生態系のなかでこそ豊かな授業を創り出せたのである。ここは、昔から地域の人々が手を入れ、生産し、暮らしてきたことで脈々と受け継がれてきた歴史的な価値をもつものでもある。自然だけでなく、文化（地域の伝統・暮らし・人のつながり）と産業（農林業・観光業）を含む地域の重層性を踏まえて一連の教育活動を展開してきたことが、同校のESDの独自性であろう。また海岸部の学校との交流授業は、地域の生態系が、行政区という人為的な壁を越えて、河川の流域に沿って連続していることを体験的に理解させた優れた授業であった。

　第二に、地域の持続可能性と真摯に向き合って進めてきた教育活動であったという点である。青根小・中の児童生徒が計14人ということは、将来的に地域の存続が難しいということである。中山間地域に人が住まなくなることで、どのような影響があるのだろう。耕作地の放棄は食料生産と生物多様性の問題に、山林の放棄は自然災害や獣害の問題につながりかねず、その被害は下流部の相模原市（都市圏）に及ぶ。また、自然のなかでの労働と暮らしが矛盾なく結びついた文化もなくなり、私たちの心の豊かさや精神的な拠りどころを失ってしまう。

　青根小学校の教育活動の背景には、「地域を愛する」だけでなく、「地域に戻ってきてほしい」という切実なテーマである。同校の教職員は、この願いをもちながら、よりよい教育活動を探求してきた。前者を目的とするESD実践校は多いが、「地域に戻る」というテーマを授業化する学校はきわめて少ない。『小学校学習指導要領解説　総合的な学習の時間編』（文部科学省、2008年）では、地域における産業の衰退や過疎化、伝統や習慣、つながりの希薄さや孤独感・不安等の問題があることを指摘したうえで、「問題点を自分のこととして受けとめるとともに、日々の生活の中で自己の生き方とのかかわりで考え続け、よりよい解決を目指して行動することが望まれる」と記述されている。つまり、地域の「よさ」だけではなく課題も取り上げることを勧めている。同校の教育活動は、教育資源に恵まれ小規模だから質が高いのではなく、地域の課題に向き合い、それを多様な他者（地域住民、大学生、他校等）と有機的に連携しつつ、改善のための意志を共有

してきたからこそ価値があると言える。

　第三に，教育活動の基軸に，子どもの「表現活動」（朗読，劇，栽培・間伐作業，学習発表等）を位置づけていることである。「表現する」とは必ず他者の存在を前提とし，声を発し身体を動かすことで内面と対話をし，他者からの応答によって学びのありようを問い返すことである。同校の表現活動は，単なる授業のまとめとしてあるのではなく，地域で得た学びを地域に返し，地域の外にものびやかに広げ，多様な他者から意見を受け取るために行われている点に特徴がある。つまり，地域の現実に根ざした「表現」が，体験や出会いから生まれた「対話」と固く結びついている。これまでのESDは，「ESDカレンダー」という教育課程編成や，問題解決的な学習方法，言語活動との関連指導など教育方法論が強調されて実践される傾向にあったが，子どもの実態を重視し内面的な成長と技能の伸長を統一的に考える視点は希薄だったと言える。今後，「能力・態度」の育成をスキルの問題として捉えるだけでなく，子どもが生活する地域の現実と子どもの内面を重視した人格形成の理念を位置づけたESD実践として，他校にも広がることを期待したい。

　ESDは，「持続可能性」という価値観を子どもに育成していくことが究極の目的である。青根小学校は，地域に根ざした教育活動を展開していくことで，その目的にアプローチしてきた。今後は，その地域の課題が，グローバルな地域課題（たとえば，開発途上国の問題）とどのようにつなげられるのかを検討し，新たな教育課程に具現化できるかが課題となってくるものと思う。

（報告者：**小玉敏也・村山史世**）

実践事例 3

「平和」をコアにしたホールスクール・アプローチ

奈良教育大学附属中学校

1．はじめに ～ESDと学校文化をつなぐ～

奈良教育大学附属中学校では，国連「ESDの10年」がはじまった翌年の2006年より，「ESDに基づく学校づくり」という研究テーマを掲げて実践研究に取り組んでいる。

学校の教育活動をESDの視点から見直し，これまでの日本の学校文化のなかにあるESDにかかわる学習内容を確認した。そうした作業のうえに，全教育活動にESDの理念をよりいっそう反映させることとした。その結果として，教科学習をもとにしながら，すべての教育活動をESDの視点で編み直す取り組みを進めることとなった。

2．本校の実践の特徴

①ホールスクール・アプローチ

本校のESDの実践の特徴は，特定の教科や活動に特化したものでなく，ホールスクール・アプローチ（全教科・領域を通してすべての教育活動でESDに取り組む）で行っている点にある。

基礎作業として次の四つのつながりを確認した。

(1) これまでの教育内容をESDの視点で再構築し，学校教育の全体構想図を作成する。　　　　　　　　　　　　　　　　【教育活動全体をつなぐ】
(2) 全体構想図に基づいて全教科・領域の学習を関連づけ，それを年間カリキュラムにするためのESDカレンダーを作成し，学習を進める。
　　　　　　　　　　　　　　　　　　　　　　　　【教科・領域をつなぐ】
(3) 学習の実施においては，教師の連携を深め，互いの学習内容や成果・課題を共有し生徒の学習の連続性を大切にする。　【子どもの学びをつなぐ】
(4) 学校間（ユネスコスクール）の協力関係を構築する。地域社会やさまざまな研究機関との連携をはかる。　　　　【学校間・地域社会等とつながる】

②学びの拡大・視座の多様性

　本校でのESDの実践研究の大きな特色は，実践を構築するときの視座の多様性にある。それは，時間軸と空間軸に大別できる。

(1) 時間軸：ESDの実践活動は，本校が創設されて以来，学習の中心にすえてきた「平和・人権・民主主義」を継承する意識のもとに展開されてきている。具体的には，1年生では「人間関係づくり」，2年生では「視野の拡大」，3年生では卒業研究による「学習成果の集約」と，生徒の3年間の在学期間を見通して実践がなされている。

　　また，これまで毎年実施してきた「平和の集い」の学習成果を継続し，活用するように，卒業生の学びを継承する。

(2) 学習空間の広がり：地域としての奈良を知るための「奈良めぐり」による世界遺産や地域の伝統文化を活用した学習，韓国公州大学附設中学校との相互訪問，東日本大震災への支援活動と支援物資を送った先の学校との交流活動，沖縄修学旅行など，学びの場を広げ，そこで交流し，気づき・発見したことを生徒の視野の拡大や思考の深化，感性の錬磨に結びつけている。

③学習活動の関連性

　本校の学習活動の特質は，学習活動の関連性にもある。その具体例として2年生で実施する三重県の答志島への2泊3日の宿泊研修を紹介する。この学習活動では，理科の学習として，海岸で海辺の生物を調査し，また，ゴミの投棄などによる環境問題の深刻さを知る。また，中学生たちが漁師さんの家などに分宿し，社会科の学習として島の人々の生活の知恵を学んだり，地域の伝統行事を調べたり，漁師さんへのインタビューにより地域の課題に気づく活動をしたりしている。2泊3日の島での生活で体験したこと，気づいたこと，感じたことをもとにレポートを作成し，国語科の学習としている。

　また，沖縄修学旅行の半年に及ぶ事前学習では，基地問題や生態系の破壊，アメラジアン（アメリカ人とアジア人を両親にもつ子どもたち）の存在など，沖縄の抱えるさまざまな問題を「平和・人権・民主主義」を切り口に子どもたちに考えさせてきた。この活動は後述する「平和の集い」や地球市民育成をテーマにした授業に活用されていった。

3．実践事例の紹介

実践事例 「地球市民ってだれだろう」（中学校3年社会科　2014年10月・11月実施）

　本校のESDの実践の特徴であるホールスクール・アプローチ，学びの拡大・視座の多様性，学習活動の関連性に基づく実践事例を紹介する。
　なお，学習方法では共創型の対話を重視している。本校では，すべての教育活動において生徒たちが，学びの場面で「協働」を創り出すことを大切に実践してきた。この協働の学びにおいては，生徒たちが，受容的な雰囲気のなかでさまざまな意見・感想・感覚・発見・気づき・体験などを出し合い，新たな知見を生み出す「共創型対話」を活用している。
〇学習内容としての「平和」について
　本実践の基調には「平和」をおいている。その理由の一つは，ユネスコが「平和の文化」とつなげてESDを推進してきたことにある。そこには「すべての人間のいのちの尊厳」から「自然も含め，さらに世代を超えたすべてのいのちの尊厳」へと教育を展開しようとする意図があることによる。もう一つの理由は，本校の教育が創設以来「平和・人権・民主主義」をその学びの中心にすえてきたことによる。

①本授業にいたるまでの子どもの学びの概要
　これまでの「平和の集い」での対話の成果を受け継ぐ。
〇本校における平和学習の経緯
　本校における平和学習の象徴は「平和の集い」である。30年ほど前の一人の生徒の発案ではじまった。生徒会主体で実施されるこの活動は，子どもたちの自主的な活動によって展開されてきた。近年の活動の概要を記す。
〈2010年度〉
テーマ「アンネのバラをとりまく人々の想いを通してホロコーストの構造を考える」
　　　　初めて日本にアンネのバラをもたらした女性牧師（イスラエルでアンネの父オットーと出会った人）から，バラを受け取り，たった2本のバラを栽培し，日本中に届けている方との対話をした。
　　　　「平和の文化」を実現するいとなみは一人ひとりの身近な行動の積み重ね

にあり，その想いをつないでいくことが私たちの役割であることを学んだ。
　　※「具体的行動のあり方」を考えているときに東日本大震災が起きた。
〈2011年度〉
テーマ「東日本大震災とわたしたち」
　　　４月当初に「道徳」の授業を実施。映像資料により，被害の実情を知り，失ったものの大きさや人々の悲しみを感得する。
- 奈良 ASP ネット（奈良のユネスコスクールの団体）の各校に呼びかけ支援物資を送る。
　この活動中，呼びかけ・仕分け作業・梱包などのボランティアに多くの生徒たちが参加し，奮闘した。
　やがて，支援物資を受け取った学校との交流がはじまった。
　この交流活動を通して，被災地の子どもたちとつながっている喜びとともに，実は，自分たちが励まされていることに気づく。

〈2012年度〉
テーマ「被災地は今　懸命に生きる子どもたちから何を学ぶか」
- 災害地を訪問した本校の教師たちの話を聞く。
　厳しい環境下で懸命に生きる子どもたち，自分たちができることを見つけ，地域の再生に力を注ぐ子どもたちのようすを知る。
　文化祭で広報・啓発・支援活動を実施する。このことにより新たな交流活動が行われるようになる。
　　※被災地と継続してかかわり続けることの大切さを確認する。

〈2013年度〉
テーマ「もう一度平和について考えよう」
- 過去３年間の「平和の集い」の取り組みから学ぶことを確認する。
　これまで先輩たちが書き残した資料をもとに自分の考えを書く。
　学級や縦割りグループで「平和」とは何かについて対話する。
　　もう一度自分との対話（作文）
　　　※先輩たちの学びを受け継ぎ，共有していることに気づく。
　　　　平和の概念が深遠であることに気づいていく。

　在校生はこれらの活動をすべて体験しているわけではない。しかし，この５年間の学びが，「平和の文化」の構築には一人ひとりの身近な活動の積み重ねや想

いをつなぐことが大切である，ということを基盤にしてきた。それが被災地との交流や相互理解へとつながり，そのなかから，互いに理解し合うことの大切さや，そのための方法について試行錯誤しながら考えていったことは，そのつど事前学習で確認をしてきた。

②2014年度の取り組み

これまでの活動の積み重ねを経て2014年度は次のように学習を進めた。

(1) 1学期の生徒総会で，前年の「平和の集い」で，災害地の学校と交流した生徒からの体験談から以下の内容を確認した。
- 「平和」な社会の実現には相手に自分の気持ちを伝えたり，相手の気持ちを推し量ったりすることが大切であること。

  被災地支援を通して，相手が何を必要としているのか知ることの大切さがわかった。それは，モノよりも一枚の手紙，言葉，寄り添う人がいるという喜び。被災地の子どもたちの生き方に自分のほうが励まされたことによる。
- 一人の人間の小さな行動の積み重ねが「平和」の実現につながっていく。

  行動している人とともに何かをする。誰かのことを考えることは自分を豊かにし，それが平和につながる。

(2) 海外校との交流

2011年度から韓国公州大学附設中学校との交流活動が行われている。これは，2009年度に奈良でユネスコ東アジア芸術祭が開かれた際，生徒会が主体的に参加したことを契機に，近くて遠い国である韓国との交流を希望し，2年間の準備期間を経て実現したものである。

この韓国交流学習においては，「国家間の争い」が中学生の考え方や価値観に影響を与え，「国家」の利益か「市民」としてのかかわり合いかという問題を生徒に投げかけた。近年の急激なグローバル化の進行は学校現場にも大きな影響を与え，生徒たちに「国民」「民族」そして「市民」とは何かを問いかける契機となった。

(3) 3年生社会科「地球市民ってだれだろう」の対話型授業

地球的課題への対応を，国や世代を超えた結束に求めるESDにあっては，国家や社会を自己や他者とのかかわりで捉え直し，持続可能で豊かな共生社会における望ましい市民としての生き方や価値観を学ぶことが求められる。

問題解決の担い手として期待される「地球市民とは何か」を問いかける対話

型授業を行った。

　まず生徒たちは，率直な疑問を出し合った。主な疑問点は下記である。
- ボーダーレス社会といわれながら，一方では民族や宗教の問題が引き起こされるのはなぜか。
- 厳しい世界の現実のなかで，所属する国や文化や価値観を超えて相互理解を深め，親和感を共有する人間関係が構築できる場合がある。それはどういう要因によるのか。

　生徒たちは自己内対話，他者との対話をしつつ，思考を深めていった。このとき，これまでの沖縄修学旅行や，先輩たちの平和の集会での記録が参考になっていた。

　50分の対話を経て，生徒たちの発言内容は下記のように集約できた。
- 問題が多発する今日の世界では，多様なものの混ざり合いのなかにこそ，よりよいものを生み出す力があることに気づくべきである。
- 地球市民とは，世界がさまざまなものとつながっていることを知る人である。
- 世界には厳しい現実がある。地球市民とはその解決に向け行動する人である。

4．ESD実践研究の成果

　2014年10月25日，奈良教育大学附属中学校の研究報告会が行われた。当日，研究の成果を生徒自身の成長によって示す方針で，3年生たちによる卒業研究発表と卒業生たちによるパネルディスカッションが行われた。

　卒業研究のテーマは「絵本が子どもに与える影響」「放置され，処分される犬やネコのことを考えよう」「奈良の増加する鹿への対処策」「太平洋戦争の要因分析」「紙飛行機を遠くに飛ばすには」等々であった。テーマの広さ，問題を見出す力，追求する力，構成力，表現力などが育っていることを実感させられた。これらは，ホールスクール・アプローチによるESDの成果と思えた。

　パネルディスカッションでは，卒業生たちが，「教師になって母校で学んだことを子どもたちに伝えている」「国際理解を大学で研究している」「人とのつながり方を学んだ」「科学的見方が身についた」「自分を見つめることができるようになった」「対話力の重要性を自覚できた」等々を語り，本校のESDの実践研究が，子どもたちの人間形成に多大な影響を与えていることを示していた。

（報告者：小嶋祐司郎）

実践事例 4

韓国の「環境プロジェクト」

1. 概　要

　持続可能性の教育においてプロジェクト型の学習が有効であることを本書の第4章で強調してきたが，韓国では2009年改訂の教育課程から中学・高校の環境科目のなかに「環境プロジェクト」というプロジェクト型の学習を導入している。

　韓国が中等教育段階の選択科目として環境科目を開設したのは1992年からで，その後，教育課程の改訂ごとに高校では「環境科学」「生態と環境」「環境」「環境と緑色成長」と，次々と科目名称を変えてきた。

　学習内容も初期には環境に対する科学的知識と理解が中心であったが，しだいに社会科学的なアプローチや持続可能な発展，緑色成長の概念が取り入れられてきた。

　しかし，隣接する「科学」や「社会」といった教科目で環境にかかわる事項の取り扱いが増加していくなかで，環境科目の独自性が問われることになった。それに対する韓国環境教育学会の答えが，学際的・統合的な性格の学習内容を重視することと，環境プロジェクトというアクション・リサーチの手法を取り入れることであった。

　韓国環境教育学会の強い働きかけもあって，2009年改訂の「環境と緑色成長」では，長期間の実践体験が求められる環境プロジェクトが導入された。その具体的な学習方法として，討論，体験学習，事例研究，統合的アプローチ，学校外の環境教育資源や機関との連携などを活用するべきことが示唆された。

　優れた環境プロジェクトの活動成果は，2011年から韓国環境教師の会が主催する環境教育プロジェクト発表大会や韓国環境教育学会の学術大会の場で披露されてきたが，2014年からは国家レベルの催しに引き上げられた。2014年10月25日に韓国環境部主催の第1回学生環境プロジェクト発表大会がソウル貿易展示コンベンションセンター（SETEC）で開催され，予選を経て入選した中学，高校それぞれ12のグループの口頭発表と，中学校7グループ，高校8グループのポスター発表が行われた。

2.「環境プロジェクト」と教科書

　2009年改訂の教育課程は2009年末に内容が確定し，新たな環境科目「環境と緑色成長」には，それまでにはなかった「環境プロジェクト」「緑色成長と持続可能な社会」「緑色社会への道」の三つの大領域が設けられた。李明博前政権下で緑色教育を推進する役割を担った緑色教育事業団は，韓国科学創意財団に対してこの三つの大領域に限定したモデル教科書の作成を指示し，同財団はそれぞれの専門家に執筆を委嘱した。

　モデル教科書における「第1章　環境プロジェクト」は約30ページにわたっており，多彩で現実的な事例が豊富に配された構成となっている。

　その「1-1　環境プロジェクトの理解」では，プロジェクトの問題解決型学習という側面を指摘するとともに学外者との協力が不可欠であることを強調している。

　「1-2　環境プロジェクトの実際」の前半の「プロジェクト主題の探索と選定」では，プロジェクトの主題探索について，①日常的な生活での素材探索，②学校や地域社会での探索，③国家および国際的事件との関連，という三つの切り口を示している。後半の「プロジェクトの計画樹立および実行」の計画樹立の段階では，グループ構成員の役割分担を明示した計画表の作成を推奨し，プロジェクトの実行段階については，多様な意思決定の方法を紹介するとともに，プロジェクト活動日誌の記述が重要であることを指摘している。

　「1-3　環境プロジェクトの発表と評価」では，多様な類型の成果が存在しうることと多様な発表の形式があること，評価については「結果よりは過程中心」であって，「プロジェクトの進行過程での産出物が重視される」ことが述べられている。そして，2011年初めに各社が刊行した実際の教科書でも，やや簡略化されてはいるが，モデル教科書を参照した環境プロジェクトの遂行プロセスが丁寧に説明されている。

　学習者主導の問題解決型学習という点では，韓国の環境プロジェクトは日本の「総合的な学習の時間」とよく似ているが，顕著な違いは教科書の有無という点である。教科書の存在は，新たな試みに対する教員の負担感を軽減する役割を果たしている。しかし，韓国でも環境プロジェクトを指導する教師の力が十分ではなく，その指導力養成が大きな課題とみなされている。

3．崇信女子高等学校における「環境プロジェクト」の実践

韓国の環境プロジェクトの実践事例として，以下では第１回学生環境プロジェクト発表大会で３グループの入選を果たした京畿道城南（ソナム）市の私立崇信女子高等学校の例を取り上げる。

崇信女子高等学校の場合，公州大学で環境教育を専攻し，卒業後に同校に赴任した金康錫（キム・カンソク）教諭が，環境プロジェクトの重要性を校長や同僚の教職員に強く訴えて，2008年度から「生態と環境」の授業に環境プロジェクトを取り入れている。学校側も環境プロジェクトの意義と成果を認めて，2010年度からは２年生全員に環境プロジェクトを実施させるようになっている。2014年度の場合，金教諭ともう一人の環境教育担当教員がそれぞれ６クラスずつを受け持って環境プロジェクトを進めており，社会科や美術の教員も活動に協力しているという。

1997年に改訂された第７次教育課程で誕生した「生態と環境」には環境プロジェクトが存在していなかったにもかかわらず，金教諭がプロジェクト学習を授業に取り入れたのは，環境科目の独自性としてプロジェクト学習のようなアクション・リサーチの手法導入が必要という韓国環境教育学会の考え方を共有していたことを示している。

また，前述のモデル教科書の「環境プロジェクト」の執筆を担当した韓国環境教育研究所のメンバーと深い交流があったことも影響していると思われる。同じ城南市に拠点をもっていた韓国環境教育研究所は，３人の大学教授が立ち上げた民間の研究機関で，環境部等の委託を受けて環境教育にかかわる調査研究を行ったり，新たな教材・教具を開発したりするとともに，環境教育の活性化のためにさまざまな提案や具体的な支援を行っている。崇信女子高等学校の初期の環境プロジェクト実施に対しても，研究員を派遣して生徒たちにさまざまなアドバイスを行うなどの支援をしてきた。

第１回学生環境プロジェクト発表大会

「環境プロジェクト」の進行スケジュール

　崇信女子高等学校の環境科目の授業では，新学期がはじまる3月から5月の初旬頃までは，教師から生徒に持続可能な社会に立ちはだかる環境，社会，経済にかかわる課題などの情報の提供を行い，環境プロジェクトの本格的な活動は5月から週2時間の環境の時間のうちの1時間（9月，10月は2時間とも）を使って，以下の流れで行われた。

崇信女子高校の環境プロジェクトの進行スケジュール

日程	1学期	概要
5月	グループづくりとテーマの決定	自分たちの関心に基づいて4～6人でグループをつくり，プロジェクトとして取り上げるテーマを設定する。テーマ設定に当たっては，先輩たちが残したポートフォリオなども活用する。クラスごとに設定テーマの中間発表を行って同級生の評価を受ける。評価が低い場合は，テーマを見直したり，新たなテーマを探すことになるが，評価が低くてもやってみようということになることもある。
6月～9月	企画案や計画案づくりとプロジェクトの本格的推進	企画案や計画案を作成し，教師と検討する。 企画案や計画案が固まったら，地域の専門家や民間団体などを訪問してインタビューを実施したり，町でアンケート調査を行うなど，それぞれのグループの本格的な調査活動が開始される。日々の活動結果はプロジェクト活動日誌などの記録に残し，ポートフォリオのかたちで蓄積する。 プロジェクトの推進途上で挫折し，断念するケースも20%ほどあるが，その場合，メンバーはほかのグループに加わる。
10月～11月初旬	成果のとりまとめと発表準備，発表会での発表	プロジェクトの活動成果を取りまとめて報告書を作成する。併せて，発表大会に向けたパワーポイントを作成し，発表の練習を行う。 プロジェクトの成果は，学校や地域での発表会で発表し，優れたプロジェクトは全国環境オリンピヤード大会，全国環境プロジェクト発表大会，韓国環境教育学会の学術大会などの場で発表する機会もある。
12月	自己評価，同級生の評価，振り返り	それぞれのグループでの自己評価やほかのグループからの評価などを行い，プロジェクトを遂行して自らが何を学んだか，そして何が変わったかをみんなで共有してプロジェクトは終了する。

4．環境プロジェクトの事例:「1日5リットルの水で4週間を過ごす」

　ここでは，第1回学生環境プロジェクト発表大会で奨励賞を受賞した崇信女子高等学校のESLRという5人のグループの環境プロジェクトへの取り組みを，大会当日の口頭発表と報告書の記載内容を中心に紹介する。

　大会で2番目に登場したESLRグループの「1日5リットルの水で4週間を過ごす」というタイトルの発表は，取り組んだ課題の意図を冒頭で簡単に述べたあと，夏休みの4週間の節水生活を映像で示し，最後に結論と感想を簡単に述べるという構成であった。ペットボトルに入れた水を少しずつ使ってシャンプー後の洗剤を除去する場面など，10分間の発表時間の多くを，実際にどのようにして節水したかを物語る映像の提示とその解説に使い，長かった4週間をコマ落としで表現するなど，メンバーの長期にわたる涙ぐましい努力を印象づけるものであった。どのグループのプレゼンテーションにも共通することであったが，このグループについても，パワーポイントの作成に工夫が凝らされており，自分たちの厳しかった経験を強調するだけでなく，聴衆の笑いを誘いながら映像に引き込むことも意図していた。

　発表後のESLRのメンバーへのインタビューでは，映像のコンテ作成の段階で意見が分かれ，結局2本の映像を制作して評価の高いほうを採用したということであった。また，登壇した発表者の発表態度も落ち着いており，多くの人を前にした発表をすでに何度か経験したことをうかがわせた。

　大会の資料集に掲載されたESLRの報告はA4版6ページで，「Ⅰ　研究の必要性と目的」「Ⅱ　研究問題」「Ⅲ　研究方法」「Ⅳ　結果」「Ⅴ　結論および提言」「Ⅵ　感想」「参考文献」から成っている。次ページの表は，それぞれの主要な記述内容を示したものである。

　プロジェクトの構想から実行計画の樹立，そして実体験を経て発表映像を作成し，報告書にまとめる一連の作業については淡々と記述されているが，作業の各段階で，グループ内で討論を重ねて，アイデアや方法を模索したことや，1日5リットルで過ごすために，多くの試練を乗り越えてようやく実践できたことを物語る報告である。

ESLRの「1日5リットルの水で4週間を過ごす」の報告概要

	記述概要
Ⅰ 研究の必要性と目的	・各国の総降水量を総人口で割った結果，韓国が「水不足国家」に分類されているという国際的な調査を取り上げ，自分たちが日ごろの生活で水を無駄遣いしていると自覚し，その反省からプロジェクトを構想した。 ・水を節約する生活を4週間実行して，節水行動を体に覚えさせ，活動終了後も水を大切に使用する習慣が続くようにすること，および，どのような水の使い方が効果的であるかを把握して家庭や社会に呼びかけることを目的とした。
Ⅱ 研究問題	・韓国の国民一人1日当たりの水消費量は374リットルにもなる。しかし，1日5リットルで過ごすことが可能であるという仮説を設定し，グループ内での討論を重ねて，それを可能にするアイデアや方法を模索した。
Ⅲ 研究方法	・7月中旬から8月中旬まで，食事用の水や共同で使う水（皿洗い，洗濯など）を除いて，洗髪，シャワー，手・足洗い，歯磨きなどの生活用水を一人1日5Lに制限する。 ・使用量が5Lを超えた場合は，その日の行動を反省する。
Ⅳ 結果	・プロジェクトを成功させた後でも，プロジェクトの目的を忘れないように映像制作を行うことにし，映像制作のためにVegas映像ソフトプログラムの使用方法を学んだ。 ・プロジェクトを進めながら水の節約のために，情報を収集したり，まわりの大人の意見を聞いたり，グループ内で対話を重ねてきた。 ・プロジェクト実践方法として，1．除湿機の水を再利用する，2．水を溜めて使う習慣をつける，3．洗剤は少量だけ使う，4．雨水を利用する，5．米のとぎ汁を利用する，などを行った。 ・プロジェクトを実施した日々の水の総使用量や反省点を「活動日誌」に記録し，写真も添付した。
Ⅴ 結論および提言	・プロジェクトの結果は，開始前に心配していたこととは違ってとっても成功した。プロジェクトを実施したことで，正しく水を使う習慣が身についたことを生活の中で発見でき，満足である。 ・しかし，このような習慣はグループの構成員だけであって，この習慣もいつ元に戻るかわからないものである。そのためプロジェクトを忘れないように振り返ることと，他の人たちに，5Lの水で生活が可能であることを知らせることが，新たな目標となった。

Ⅵ 感 想	A：水の使用量を減らすことはとっても難しい課題であったが，習慣を変えることができたことは満足である。 B：プロジェクトをはじめる前は水の使用量が多かったので，5Lで生活は不可能だと思ったが，実際に生活できたことは驚きである。 C：水5Lの生活が現実となったら苦痛であろうと思う。 D：28日という短い時間だが水の大切さを感じた。 E：限界を乗り越えたことがとっても嬉しい。

5．環境プロジェクトを実施した生徒の感想

　10月25日の第1回学生環境プロジェクト発表大会は，午前中が高校生の発表であった。発表を終えた直後の昼休みに，崇信女子高等学校の三つのグループの代表各2名，計6名に集まってもらい，約30分間インタビューを行った。以下はそのQ＆Aの要点である。

Q：大会での発表を終えた今の感想は？
A・まあまあ，うまく発表できた。
　・（10分間の制限時間で発表打ち切りとなり）懸命に走ってきたのに，最後でこけてしまった感じ。
Q：プロジェクトを進めるうえで，大変だったことや難しかったことは？
A・役割分担が難しかった。
　・一所懸命調査してプロジェクト遂行に問題ないと思っていたのに，結果が意図した方向とは違っていたことがあって戸惑った。
　・グループのなかでの意見の違いを統合したり，譲ったり，まとめていくのが難しかった。でも，グループ学習を行うことで意思疎通能力が育ってきたように思う。
　・プレゼンテーション用の映像プロット案で二つの意見を統合できず，結局二つの映像を作ったが，結果的には全員が納得できたのでよかった。
Q：保護者の方々はみなさんの環境プロジェクトの取り組みに好意的だったか，それとももっと教科の勉強に励むことを求めたか？
A・（一同）プロジェクトへの取り組みをかなり応援してくれた。
Q：崇信女子高に入学し，環境プロジェクトと取り組めてよかったか？
A・（一同）とてもよかったと思う。

- プロジェクトを終えて，自信や達成感などをもつことができた。
- プロジェクト活動を成功的に終えたことで，これからの社会活動のなかでも何かの限界にぶつかったときにそれを乗り越える自信ができた。

Q：将来，環境担当の教師になりたいと思うようになったか？
A
- 広い視野が必要なので，とても自分には無理だと思う。
- プロジェクトを通して，人前で話すことが結構得意だと気づいたので，教師とは別の，でも人前で話すような職業に就きたいと思うようになった。

6．環境プロジェクトを指導した教師[1]の意見・感想

- 環境プロジェクトは，生徒の主体的な学習意欲を引き出すだけでなく，進行過程で生じる葛藤や挫折，仲間同士の協調などの経験が生徒を大きく成長させていると思う。
- 環境担当教師が学校に少ない（足りない）。一人の教師が450人を教えるので，環境プロジェクトのグループが多くなると丁寧な指導は難しくなる。環境教師が増えないといけない。
- 一人の教師だけで指導することは難しいので，教師は地域の専門家やNGOなどをつなげるコーディネーターの役割をしなければいけない。
- プロジェクト学習では，「待つこと」と「信じること」が大切。生徒を信じて待っていれば，生徒たちは自分たちで方向性を導き出してくる。
- 自分が知っていることを生徒に教えるということはプロジェクトでは捨てたほうがいい。教師も生徒とともに学ぶという姿勢で，開かれたマインドで「待つ」ことができればいい。
- プロジェクト学習とはこう進行するものであるとか，そのために何かを準備しなければいけないとかはない。生徒の興味・関心は実に多様である。教師はそういった興味・関心を大切にするよう導くだけである。教師が強要すると途中でできなくなったり，やめる子どもたちも多い。教師も生徒と一緒に学ぶのがプロジェクト学習である。
- プロジェクト学習では成功するか失敗するかは重要ではない。プロジェクトの途中で，グループの20～30％はあきらめてしまう。失敗したグループは，自分たちがなぜ失敗したのかを分析して，他グループのなかに入って参観するように指導している。そうすると生徒たちは自分のグループは何がいけなかったの

か，どこで間違っていたのかを知って反省する。
- 環境担当の教師は，他の学校へ転勤してもいいが，地域を離れてはいけないと思う。せっかく地域にある資源（人材など）とつながっているのに，その地域から離れるとまた最初からやらなければならない。
- プロジェクト学習が終わってから1年間お世話になった地域の人々を招き，生徒たちが行ったプロジェクトの発表会を行う。そうすると次年度には，より積極的に手伝ってくれたり，いろいろと助けてくれたりする。

7．まとめ

　環境プロジェクト発表大会は，選考に残ったグループの発表であったので，その発表内容も発表態度も，またパワーポイントの作成技術も，高校生でよくここまでできるものだと感心させられるものがほとんどであった。そして何よりも，プロジェクトの構想から実行計画の樹立，そして実体験を経て発表映像を作成し，報告書にまとめる一連の作業を，高校生の段階で経験したことは，その後の人生でのさまざまな困難を乗り越える貴重な財産となるであろう。

　ある目標に向かってグループで長期間の活動をする過程では，意見の相違やさまざまな葛藤に直面するのも必然である。しかし，その過程で仲間に配慮する力が育っていくし，葛藤を克服したという経験は，はかり知れない自信につながるはずである。プロジェクト学習は，その結果の成功・失敗にかかわらず，仲間やまわりの人々の協力・支援を得て困難に立ち向かったという体験が，青少年に大きな成長を促し，たくましくするものである。

　崇信女子高等学校の金康錫教諭が繰り返し指摘されていることは，「環境プロジェクトを指導する教師は，プロジェクトに関する豊富な知識があるより，生徒とともに学んでいく姿勢を保つことが重要」であり，「教師はすぐに答えを教えてしまいがちであるが，生徒を信じて待つことが何よりも重要」という2点であった。「生徒を信じる」ことと「じっくり待つ」ことは，プロジェクトの指導者として備えておかねばならない最も重要な資質と言える。

　また，金教諭はプロジェクト学習を進めるうえでの学校の優位性を，次のように説明された。「環境教育施設に行けば環境に関する専門的なことは学べるし活動も可能であるが，学校のように指導者が頻繁に生徒と顔を合わせ，常に活動の進み具合を確認したり，さまざまな悩み，迷いの相談に乗ることは難しい。欲を

言えば学校のなかに環境教育教室があれば，先輩たちの先行研究の課題設定や活動方法などを参考にできるので，より優れた成果を生み出すことができる」。

持続可能性の教育を推進しようとした場合，学校での，できれば独立教科のなかでのプロジェクト学習が有効であると改めて確信させられた。

(報告者：元鍾彬，諏訪哲郎)

〈註〉
1 金康錫教諭（崇信女子高等学校），辛キョンジュン教諭（スンムン中学校）

3．掲載した実践事例の特色

本書に掲載した実践事例には，充実・深化期に向けてのさまざまなヒントが示されている。それらを考察する。

実践事例1「日常的活動を生かした多様性教育の実践」(p.94) は，小学校3年生でも持続可能性の教育が実践できることを示している。本実践事例では学習を「創造・協働・自立」に構造化している。このことが実践の目標と全体構想を明確にした。また，この実践の質を高めているのは，多様性の概念の分析にある。しかも，日常の出来事を活用し，多様性とは何かを明らかにし，小学校3年生の授業に結びつけていることに，教師としての思いとそれを具現化するための工夫が看取できる。このことにより，子どもたちは，皮相的でなく実感をもって，多様性の意義と内容について学びを深めている。また，これまでESDの実践では比較的取り上げられることがなかったイメージ力の重視は，子どもたちに感じ取る力を高める学びを希求したという意味で先駆的と言える。

実践事例2の相模原市立青根小学校の教育実践の特色 (p.104) は，地域の「自然や文化・伝統，生物など地域の多様な教育資源」の活用にある。学校林づくりや大学生との交流活動，里山の生物多様性の活用，海辺の小学校との交流などの活動が展開された。こうした現場性と身体性を重視した学習活動により，

子どもたちは体験・五感を通して学び，生物相互のかかわりを感知し，当事者意識をもち主体的に行動する姿勢を培っていった。山間部の少人数の学校での教育環境の厳しさを逆に生かした質の高い教育実践は，全国のさまざまな条件下の学校での持続可能性の教育の実現可能性を示した。

実践事例3の奈良教育大学附属中学校は，ユネスコスクールとして世界遺産学習で知られた学校である。同校の教育実践 (p.112) の特色は，ホールスクール・アプローチにある。その意味は，教科学習を基調にしつつ，全教育活動を関連づけて展開していること，また長期的，かつ広がりをもった，つながり重視の学習活動にある。

約30年前にはじめられた「平和の集い」は伝統行事となり，歴代の先輩たちが学習したことや思いの記録が受け継がれている。東日本大震災の被災地や韓国の学校との交流，ユネスコスクール間の共同研究などは生徒の視野を広げている。卒業生によるシンポジウムでの発言は，長期的な取り組み，視座の拡大を意図した学習活動の継続の成果を示している。

実践事例4の韓国の環境プロジェクト (p.118) は，日本における持続可能性の教育実践の充実・深化のための手がかりを提示している。中学・高校の環境科目のなかに「環境プロジェクト」というプロジェクト型の学習を導入したこと，モデル教科書「環境と緑色成長」の作成，韓国環境教育研究所と学校との共同研究はその例である。崇信女子高等学校での実践事例における，環境プロジェクトの事例「1日5リットルの水で4週間過ごす」の実体験の紹介と生徒・教師による報告は，教科として位置づけられる意義，実体験による学習の教育効果，教師の創意工夫の大切さなどを具体的に提示している。

4．充実・深化期の教育実践への期待

本書に掲載した実践事例に共通するのは，皮相的な学習ではなく，学習者の内面を揺さぶり，本気で思考させ，対話し，持続可能性の教育がめざす資質・能力，技能を，事実として習得させるための創意・工夫がなされていることで

ある。

　四つの実践事例に示唆を受けつつ，質的向上を希求する充実・深化期の教育実践を創造していくための要点を考察してみる。

①21世紀の望ましい人間形成のための教育としての新たな視点や考え方を明確にする
②多様な学習方法の活用のみでなく，それらの学習方法の基調をなす理念について検討する。受け身から主体性（形成能力）を高める学びへ転換
③持続可能性の教育を構成する各用語の包含する意味を分析・解釈し，実践に結びつける必要
④地球生命系の視野を広げ，多様な生物との共生のための教育としての視野を導入
⑤相手の立場や思いなどをイメージする力や，五感の覚醒をもたらす体験，感受性・感性を重視
⑥さまざまな研究分野の成果の導入による発想の転換を奨励
⑦多様をつなぎ，新たな解や智恵を生起させる対話力を重視

　本書の第1章で佐藤は「持続可能性の教育は，生き方の教育であり倫理の教育でもある。どのような教育内容の学びも倫理的価値をもち，生き方の選択につながる倫理的実践としての様相を帯びている。しかし，持続可能性の教育における学びは，他の教育内容と比べて，いっそう直接的に生き方の選択にかかわり，より直接的に倫理的実践として展開している。その意味で，持続可能性の教育における学びは，何よりも哲学的実践である」と記している。

　学習の企画者・推進者自身が，視野を広げ，深く思考し，柔軟に発想し，冒険していくとき，哲学的実践としての持続可能性の教育は推進される。全国各地で，充実・深化期の多様な教育実践が創造されていくことを期待してやまない。

（多田孝志・諏訪哲郎）

おわりに

　互いに異なる領域・立場で教育にかかわってきた四人（国際理解教育の多田孝志さん，元ユネスコ大使の木曽功さん，「学びの共同体」の佐藤学さん，環境教育の諏訪）が，約1年前に池袋で夕食をともにした。教育界の動向や最近の子どもたちの様子などを語り合ううちに，ESD（持続可能な発展のための教育）が話題の中心になっていった。持続可能性を基本原理とする教育を推進することの重要性については一致していたが，ESDの現状や推進方法，日本語訳などについて，それぞれが異なった観点から不十分さや課題を感じていることが明らかになった。

　その出会いから半月も経たない頃，多田さんから「四人で持続可能性に関する本を作りましょう」という連絡が入り，ほどなく刊行の意図と執筆分担が書き込まれた企画書が，メールの添付ファイルで送られてきた。そこにはごく少数に絞り込んだ実践事例を取り上げる計画であることも書かれていた。

　以後，多田さんと諏訪が幾度となく論議を重ね，また佐藤さんとも語り合い，本書の主張と構成を明確にしていった。そして，各人の分担部分の執筆と優れた実践事例の探索が進められた。

　本書の第1章で佐藤さんは，自身が長年はぐくんできた「学びの共同体」と多田さんが取り組んできた国際理解教育と諏訪がかかわってきた環境教育の三者の学びには，共通した性格があると述べている。活動的で（モノ・テキストとの出会いと対話），協同的で（他者との出会いと対話），反省的な（自己との出会いと対話）学びや，主題や問題を中心として活動的で探究的な学びであるプロジェクト型の学びを重視するといった共通性は，持続可能性を基本原理とする教育においても，よりいっそう進める必要があるという思いが本書の根底

には存在している。

　四人の記述には，現段階では普遍的とは言えないかもしれないが，持続可能性を基本原理とする教育のあり方や学習方法は先々こうあるべきであろうという姿への言及が含まれている。世界中の教育の動向を知り尽くしている多田さん，木曽さん，佐藤さんたちの地球規模の視野から見ても，またそれぞれが長年かかわってきた教育や学びについての経験からも，その記述の妥当性と，それらの提案が実現可能なものであることについては確信に近いものがある。四人の記述の相当部分は，単に妥当性と実現可能性があるだけでなく，すでに世界各地でそして日本でもその方向に動きはじめている。2014年11月20日付で文部科学大臣から中教審へ提出された次期教育課程についての諮問文には「多様性を原動力とし」「他者と協働しながら」「ユネスコが提唱する持続可能な開発のための教育（ESD）」といった記述がなされている。そして，課題の発見と解決に向けて主体的・協働的に学ぶ学習である「アクティブ・ラーニング」という用語が4回も登場していることも，すでに「動きはじめている」ことを物語っている。

　そして，実際に，そのような持続可能性を基本原理とする教育のあり方や学習方法がすでに実践されはじめていることを知れば，新たな試みにチャレンジしてみようという気持ちも膨らんでくるのではないだろうか。そのような思いで実践報告を4例掲載したが，総ページ数の制約から報告内容を大幅に削減してしまっており，実践の全体像を示すことができていないのが心残りである。できれば次回は，私たちが「これこそ持続可能性を基本原理とする教育」と考える多くの実践を，より詳細にお伝えできる本を刊行できればと思っている。

　　2015年6月

編者を代表して

諏訪　哲郎

著者紹介

佐藤　学（さとう　まなぶ）

専門は「学び」と「学びの共同体」の研究。1951年生まれ。東京大学大学院教育学研究科修了。教育学博士。三重大学助教授，東京大学助教授，東京大学大学院教授を経て，現在，学習院大学文学部教育学科教授，東京大学名誉教授。日本教育学会元会長，全米教育アカデミー（NAed）終身会員，アメリカ教育学会（AERA）終身名誉会員。主な著書『カリキュラムの批評』『教師というアポリア』『学びの快楽』（以上，世織書房），『米国カリキュラム改造史研究』『学校改革の哲学』（以上，東京大学出版会），『教育方法学』『学校を改革する』『専門家として教師を育てる』（以上，岩波書店），『教師花伝書』『学校見聞録』（以上，小学館）など。

木曽　功（きそ　いさお）

元ユネスコ政府代表部特命全権大使。1952年生まれ。東京大学法学部卒業。イェール大学MBA取得。文部省・文化庁・文部科学省職員を経て，現在，内閣官房参与。広島県教育長，文化庁文化財部長，日本学術振興会理事，文部科学省国際統括官などを歴任。

多田孝志（ただ　たかし）

専門は対話論，国際理解教育論。1945年生まれ。上越教育大学大学院修士課程修了。東京都小学校教諭，海外日本人学校・補習授業校・カナダ公立学校教諭，目白学園中学・高等学校教諭等を経て，現在，目白大学人間学部児童教育学科教授（学部長・学科長）。日本学校教育学会前会長，日本国際理解教育学会元会長，日本グローバル教育学会常任理事。主な著書『対話力を育てる』『共に創る対話力』『授業で育てる対話力』（以上，教育出版），『光の中の子どもたち』（毎日新聞社），『「地球時代」の教育とは？』（岩波書店）など

諏訪哲郎（すわ　てつお）

専門は環境教育論。1949年生まれ。東京大学大学院理学系研究科地理学専門課程修了。理学博士。学習院大学文学部教育学科教授（学科主任）。日本環境教育学会会長。ＮＰＯ日中韓環境教育協力会代表。主な編著書『加速化するアジアの教育改革』『沸騰する中国の教育改革』（以上，東方書店）。

[第5章実践事例報告者]

幸田　　隆　　愛知県豊田市立若林小学校教諭
小玉　敏也　　麻布大学教授（日本環境教育学会事務局長）
村山　史世　　麻布大学講師
小嶋祐司郎　　奈良教育大学附属中学校教諭
元　　鍾彬　　学習院大学講師（日本環境教育学会理事）

持続可能性の教育
―― 新たなビジョンへ ――

2015年7月21日　初版第1刷発行

編著者　佐藤　　学
　　　　木曽　　功
　　　　多田　孝志
　　　　諏訪　哲郎

発行者　小林　一光

発行所　教育出版株式会社
〒101-0051　東京都千代田区神田神保町2-10
電話 03-3238-6965　振替 00190-1-107340

©M. Sato, I. Kiso, T. Tada, T. suwa／2015
Printed in Japan
落丁・乱丁はお取替いたします。

組版　ピーアンドエー
印刷　神谷印刷
製本　上島製本

ISBN978-4-316-80418-7　C3037